Schriftenreihe der Northern Business School zur angewandten Wissenschaft

herausgegeben von Reimund Homann

Einführung eines Mindestlohnes in Deutschland

Eine Untersuchung unter besonderer Berücksichtigung der Hotelbranche

Tabea Brauer

Diplomica Verlag GmbH

Brauer, Tabea: Einführung eines Mindestlohnes in Deutschland. Eine Untersuchung unter besonderer Berücksichtigung der Hotelbranche, Hamburg, Diplomica Verlag GmbH 2016

Buch-ISBN: 978-3-95934-983-3
PDF-eBook-ISBN: 978-3-95934-483-8

Druck/Herstellung: Diplomica® Verlag GmbH, Hamburg, 2016
Covermotiv: © BillionPhotos.com – fotolia.com

Schriftenreihe der Northern Business School zur angewandten Wissenschaft: Band 4
herausgegeben von:
NBS – Northern Business School
Holstenhofweg 62
22043 Hamburg
www.nbs.de

Bibliografische Information der Deutschen Nationalbibliothek:
Die Deutsche Nationalbibliothek verzeichnet diese Publikation in der Deutschen Nationalbibliografie; detaillierte bibliografische Daten sind im Internet über http://dnb.d-nb.de abrufbar.

© Diplomica Verlag GmbH
Hermannstal 119k, 22119 Hamburg
http://www.diplomica-verlag.de, Hamburg 2016
Printed in Germany

Vorbemerkung

Sehr geehrte Leserin, sehr geehrter Leser

Mit dem vorliegenden Band wird die "Schriftenreihe der Northern Business School zur angewandten Wissenschaft" mit ihrem nunmehr vierten Band fortgeführt. Das nun vorliegende Buch beschäftigt sich mit der praktischen Bedeutung der Mindestlöhne für die Hotelbranche in Deutschland.

Auch dieser Band wurde unter Zuhilfenahme des Peer-Review-Verfahrens qualitativ überprüft. Für die Erstellung der entsprechenden Kreuzgutachten zu den Beiträgen des vorliegenden Bandes danke ich M.Sc. Yauheniya Varabyova und Dipl.-Volksw. Tobias Wortmann, Steuerberater.

Für die rechtliche Unterstützung des Projektes danke ich erneut Rechtsanwalt Henry Naeve. Für das germanistische Lektorat danke ich ein weiteres mal M. A. Ulrike Gramann (freie Autorin). Für die administrative Begleitung des Projektes danke ich Dipl.-Kfm. Till Walther und Dr. Rüdiger von Dehn (Northern Business School).

Hamburg, im Juni 2016
Dipl.-Kfm. Reimund Homann

Vorwort

Das vorliegende Buch ist größtenteils während der Erstellung meiner Bachelorthesis an der Northern Business School im Frühjahr 2012 entstanden. Da es keinen Stillstand gibt und insbesondere der Arbeitsmarkt ständigen Veränderungen, sowohl wirtschaftlicher als auch politischer Natur, unterworfen ist, haben sich seitdem einige Zahlen verändert. So wurde beispielsweise die Höchstgrenze des monatlichen Verdienstes bei Minijobs von 400 € zum 01. Januar 2013 auf 450 € angehoben. Da dies jedoch keine Auswirkungen auf die inhaltlichen Aussagen dieser Arbeit hat, wurden die ursprünglichen Daten weitestgehend beibehalten. Dennoch habe ich Anpassungen vorgenommen. So schien es mir beispielsweise vor dem Hintergrund der Bundestagswahl 2013 angemessen, die Einstellungen der vertretenen Parteien zum Thema Mindestlohn aufzunehmen.

Mein Dank für die Unterstützung während der Erstellung der Bachelorthesis geht an Prof. Dr. Wolfgang Eibner und Jonas Brauer.

Hamburg, im November 2013
Tabea Brauer (geb. Krippeit)

Inhaltsverzeichnis

Abbildungsverzeichnis

Tabellenverzeichnis

Abkürzungsverzeichnis

AEntG	Gesetz über zwingende Arbeitsbedingungen für grenzüberschreitend entsandte und für regelmäßig im Inland beschäftigte Arbeitnehmer und Arbeitnehmerinnen, Arbeitnehmer-Entsendegesetz
ALG II	Arbeitslosengeld II
BMAS	Bundesministerium für Arbeit und Soziales
BMWi	Bundesministerium für Wirtschaft
bpb	Bundeszentrale für politische Bildung
CDU	Christlich Demokratische Union Deutschlands
CSU	Christlich-Soziale Union in Bayern e.V.
DEHOGA	Deutscher Hotel- und Gaststättenverband
DGB	Deutscher Gewerkschaftsbund
DIHK	Deutscher Industrie- und Handelskammertag
EU	Europäische Union
FDP	Freie Demokratische Partei
GG	Grundgesetz
IAQ	Institut Arbeit und Qualifikation der Universität Duisburg-Essen
ifo Institut	Leibniz-Institut für Wirtschaftsforschung an der Universität München e.V.
IG Metall	Industrie-Gewerkschaft Metall
ILO	International Labour Organization, Internationale Arbeitsorganisation
IW	Institut der deutschen Wirtschaft Köln

MiArbG	Gesetz über die Festsetzung von Mindestarbeitsbedingungen, Mindestarbeitsbedingungengesetz
NGG	Gewerkschaft Nahrung-Genuss-Gaststätten
OECD	Organization for Economic Co-operation and Development, Organisation für wirtschaftliche Zusammenarbeit und Entwicklung
OT	ohne Tarifbindung
SGB II	Sozialgesetzbuch, Zweites Buch – Grundsicherung für Arbeitssuchende
SOEP	Sozio-oekonomisches Panel
SPD	Sozialdemokratische Partei Deutschlands
SVR	Sachverständigenrat zur Begutachtung der gesamtwirtschaftlichen Entwicklung
TVG	Tarifvertragsgesetz
ver.di	Vereinte Dienstleistungsgewerkschaft
VfW	Verein für Wirtschaft
WSI	Wirtschafts- und Sozialwissenschaftliches Institut (in der Hans-Böckler-Stiftung integriert)

Weibliche und männliche Schreibweise

Aus Gründen der besseren Lesbarkeit wurde in dieser Arbeit in der Regel die männliche Form verwandt. Es wird ausdrücklich darauf hingewiesen, dass sich diese Angaben immer auf beide Geschlechter beziehen, es sei denn, es wird explizit anders erwähnt.

1 Einleitung

Die CDU ist mit dem derzeitigen Beschluss, eine Lohnuntergrenze in Deutschland festzulegen, von ihrer ursprünglich ablehnenden Haltung gegenüber Mindestlöhnen teilweise abgerückt. Auch der bisherige Koalitionspartner FDP schien sich, trotz seiner bislang grundlegenden Haltung gegen Mindestlöhne, dem Thema nicht mehr verschließen zu können. Dieser Beschluss ist noch weit davon entfernt, allen Arbeitnehmern einheitliche Minimallöhne zu garantieren, zeigt jedoch, wie aktuell das Thema wieder ist. Auch in den nach der Bundestagswahl 2013 stattfindenden Koalitionsgesprächen zwischen der CDU/CSU und der SPD spielt das Thema eine wichtige Rolle.

Die Hotelbranche ist wie kaum ein anderes Arbeitsgebiet von Niedriglöhnen und prekärer Beschäftigung geprägt. Aus verschiedenen Gründen, die in dieser Arbeit näher erläutert werden, gibt es in dieser Branche zum Teil sehr geringe tarifliche Löhne und nur eine schwache Tarifbindung. Die Mitarbeiter der Hotelbranche, aber auch die Unternehmer, wären von einer Mindestlohneinführung so stark betroffen wie wohl in keiner anderen Branche Deutschlands. Indem der Fokus der Arbeit auf diesen Bereich gelegt, zugleich aber die Bundesrepublik Deutschland insgesamt betrachtet wird, werden mögliche Auswirkungen oder Folgen einer Mindestlohneinführung konkreter dargestellt.

Die Mindestlohndebatte ist nicht neu in Deutschland und wurde sowohl in der Politik als auch in der Ökonomie bereits vielfach diskutiert. Bestimmte Argumente sind immer wieder zu vernehmen, und die Thematik ist häufig aus naheliegenden Gründen sehr emotionsgeladen. Die vorliegende Arbeit nähert sich dem Thema daher über den historischen Kontext des wirtschaftspolitischen Systems der Bundesrepublik Deutschland. Die ausführliche

Schilderung der Entstehung der Sozialen Marktwirtschaft soll dazu beitragen, verschiedene Argumente und Thesen in der Diskussion um die Einführung eines Mindestlohnes besser nachvollziehen oder hinterfragen zu können. Weitere Grundlagen, die dem besseren Verständnis dienen, werden durch die Erläuterung der arbeitsmarktpolitischen Theorien in der Volkswirtschaft dargestellt. Mindestlöhne betreffen in der Regel die Arbeitnehmer des Niedriglohnsektors eines Landes. Daher wird eine zusammenhängende Erläuterung von Niedriglöhnen und Niedriglohnsektor sowie verschiedener Mindestlohnarten und deren jeweiliger Bedeutung in der Bundesrepublik Deutschland aufgeführt. Um eine bessere Einsicht in die Hotelbranche zu erhalten, werden Informationen über Strukturen, Arbeitsbedingungen, Löhne und weitere Details gegeben.

Anschließend an die theoretischen Informationen und die Auskünfte zur Situation in Deutschland folgen konkrete Argumente, die für und gegen die Einführung eines einheitlichen Mindestlohnes sprechen, sowie deren Bewertung. Diese Ausführungen zur praktischen Bedeutung von Mindestlöhnen in Abschnitt 3 basieren auf den theoretischen Grundlagen und Daten aus Abschnitt 2 der vorliegenden Arbeit.

Abschließend wird im Fazit zusammenfassend Stellung zur Einführung eines gesetzlichen Mindestlohnes in der Bundesrepublik Deutschland genommen.

2 Theoretische Grundlagen und Bestandsaufnahme von Mindestlöhnen in Deutschland

2.1 Der Ordoliberalismus als Basis der Sozialen Marktwirtschaft in der Bundesrepublik Deutschland

Wenn man sich mit Mindestlöhnen und ihrer möglichen Einführung beschäftigt, muss zunächst geklärt werden, in welchem wirtschaftspolitischen Rahmen man sich bewegt. In der Bundesrepublik Deutschland ist dieser das Konzept der Sozialen Marktwirtschaft. Der Begriff der Sozialen Marktwirtschaft ist nicht eindeutig definiert, und was darunter verstanden wird, hat sich im Laufe der Jahre gewandelt. Um zu verstehen, was die Soziale Marktwirtschaft ausmacht und auf welchen Grundlagen sie aufbaut, ist eine eingehende Betrachtung des Ordoliberalismus als Basis der Sozialen Marktwirtschaft unabdingbar.

2.1.1 Entstehung des Ordoliberalismus 1929/32

Der Ordoliberalismus als Gesamttheorie entstand über einen langen Zeitraum, der in der Weltwirtschaftskrise 1929/32 begann.[1] Als die vier wichtigsten Mitbegründer sollen hier Walter Eucken, Alexander Rüstow, Wilhelm Röpke und Alfred Müller-Armack genannt werden. Es zählen weitere Personen zum Kreise der Ordoliberalen, allerdings gaben bereits die Weltwirtschaftskrise und mit ihr der Verfall der Weimarer Republik für die vier Genannten, den

---

[1]   Vgl. Ptak, 2004, S. 23

Anlass, den herrschenden Liberalismus zu wandeln.[2] In diesem Zusammenhang war die „Krise des Kapitalismus"[3] ein vorherrschendes Thema. Der Begriff des Ordoliberalismus ist erst in den 50er Jahren des 20. Jahrhunderts von Hero Moeller geprägt worden.[4] Er suchte für einen Artikel über Liberalismus einen Begriff, um diese neue Art des Liberalismus zusammenzufassen. Er bediente sich an dem Titel des seit 1948 erscheinenden Jahrbuches *ORDO*, an dem verschiedene Vertreter dieses Liberalismus mitwirkten. Der Begriff des Ordoliberalismus ist somit nicht eindeutig definiert, und auch der Kreis der Ordoliberalen kann je nach Intention weiter gefasst werden. Der Ordoliberalismus ist häufig unter dem bereits früh entstandenen Begriff Neoliberalismus bekannt. Dieser Begriff bezieht sich jedoch auf die gesamte Strömung, die auch in anderen Ländern aufkam. Der Ordoliberalismus hingegen ist eine deutsche Besonderheit, weshalb er mitunter auch als deutscher Neoliberalismus bezeichnet wird. Eine weitere Bezeichnung, die sich in der Literatur finden lässt, ist der *Dritte Weg*. Dieser Begriff wurde von Wilhelm Röpke in seinem Werk *Die Gesellschaftskrisis der Gegenwart*, das 1942 das erste Mal erschien, verwendet.[5] Er wollte damit zum Ausdruck bringen, dass ein Programm benötigt wurde, das zwischen dem alten Liberalismus und dem möglichen Kollektivismus steht.[6] Er hat aber auch gleich deutlich gemacht, dass dieser Begriff schon anderweitig für Konzepte mit anderen Hintergründen verwendet wurde.[7] Der Übersichtlichkeit halber und in Abgrenzung zu anderen neoliberalen Strömungen, wird im Folgenden der Begriff Ordoliberalismus verwendet.

Trotz zum Teil unterschiedlicher Herangehensweisen und Ansichten waren sich die genannten Ordoliberalen in der Kritik gegenüber dem bestehenden Ordnungssystem der Weimarer Republik einig. Als einen der bedeutendsten Gründungstexte des Ordoliberalismus bezeichnet Ralf Ptak Euckens 1932

---

[2] Vgl. Ptak, 2004, S. 24 f.
[3] Haselbach, 1991, S. 24
[4] Vgl. zum Folgenden Renner, 2002, S. 36 ff.
[5] Röpke, 1948, S. 43
[6] Vgl. Röpke, 1948, S. 43
[7] Vgl. Röpke, 1948, S. 314

veröffentlichtes Werk *Strukturwandlungen und die Krisis des Kapitalismus.*[8] Eucken vergleicht darin die Politik zu Zeiten Bismarcks mit der in der nach-bismarckschen Zeit.[9] So benennt er einerseits die Genauigkeit, mit der Bismarck alle wirtschaftspolitischen Inhalte der Gesamtpolitik unterstellt. Der Interventionismus unter Bismarck wurde immer in Hinblick auf die Staatsräson betrieben. Andererseits beschreibt Eucken dann den Wandel zur nachbismarckschen Wirtschaftspolitik, in der sich das Gefüge von Wirtschaft und Staat veränderte und der Staat nicht mehr oberhalb der Wirtschaft stand. Die Wirtschaft konnte zunehmend Einfluss auf den Staat nehmen und einzelne Interessengruppen wirkten auf den Staat ein. Somit kam es zu mehreren Interventionen, die in der Regel nicht der Gesamtpolitik dienten, sondern einzelnen Interessengruppen, die ihre jeweilige Macht ausbauen wollten. Eucken spricht von einer „Umwandlung des liberalen Staates zum Wirtschaftsstaat"[10] und sieht in dieser eine große Gefahr. Der Wirtschaftsstaat sei viel enger mit der Konjunktur verknüpft und dadurch wesentlich schwächer als der liberale Staat.[11] Ein noch größeres Problem sieht Eucken allerdings darin, dass der Staat dem Willen der jeweiligen Gruppen ausgesetzt sei und seine Handlungen nach deren Interessen ausrichte. Dies führe zu einer Vielzahl unterschiedlicher Maßnahmen und Handlungen, die in ihrer Gesamtheit systemlos seien und den Staat schwächten. Der interventionistische Wirtschaftsstaat habe mit seiner Politik unter anderem die Monopolbildung gefördert und dadurch das zuvor funktionierende Preissystem als Regulator der Volkswirtschaft außer Kraft gesetzt. Zudem habe der Staat verschiedene Preise festgelegt, Subventionen gezahlt und so weiter. Dies habe bewirkt, dass kein normales Gefüge von Angebot und Nachfrage mehr bestanden habe. Eucken kritisiert nicht den Kapitalismus an sich, sondern den damals herrschenden Kapitalismus als staatlich gebunden. Falls sich diese Form des Interventionismus durch den Staat fortsetze, habe der Kapitalismus keine Chance zu bestehen.[12] Wenn der Staat aber erkenne, dass eine Trennung von

---

[8]   Ptak, 2004, S. 33
[9]   Vgl. zum Folgenden, Eucken, 1932, S. 303
[10]   Eucken, 1932, S. 307
[11]   Vgl. zum Folgenden Eucken, 1932, S. 307 ff.
[12]   Vgl. zum Folgenden Eucken, 1932, S. 318

Staat und Wirtschaft notwendig sei, könne es zu einer Weiterentwicklung des Kapitalismus kommen. Denn trotz aller Kritik sah Eucken im Kapitalismus die einzige Wirtschaftsform, die in der Lage war, die steigenden Bevölkerungszahlen zu versorgen und somit unverzichtbar sei.[13]

In die gleiche Richtung ging auch die Kritik Euckens und Rüstows an der parlamentarischen Demokratie der Weimarer Republik, da eben diese die Trennung von Staat und Wirtschaft aufhob und damit das Gleichgewicht zwischen beiden zerstörte.[14] Für Müller-Armack waren die zum Interessenausgleich in der Wirtschaftspolitik getroffenen Kompromisse ein Zeichen der parlamentarischen Politik, die zwangsläufig zu immer mehr Interventionen führte.[15] Durch diese Interventionen wurde der Staat gelähmt und kam immer mehr in Abhängigkeit der Interessenten.

Aufgrund ihrer Erkenntnisse forderten die Ordoliberalen bereits früh einen starken Staat, der unabhängig und neutral sein sollte.[16] Die Ordoliberalen waren gegen die sich teilweise parallel entwickelnden marxistischen und keynesianistischen Wirtschaftstheorien.[17] Das einzige funktionierende Wirtschaftskonzept war in ihren Augen „eine freiheitliche, geordnete Marktwirtschaft."[18] Diese sollte vom Leistungswettbewerb bestimmt werden, für den ein unabhängiger Staat den Rahmen vorgeben sollte.[19] Der Punkt, in dem sich alle Ordoliberalen einig waren und der deshalb bezeichnend für den Ordoliberalismus wurde, war die Vorrangigkeit der Ordnungspolitik, was besagte, dass der Staat die Form für die Wirtschaft vorgibt, aber in die wirtschaftspolitischen Prozesse nicht eingreift.[20]

---

[13]   Vgl. Renner, 2002, S. 96
[14]   Vgl. Ptak, 2004, S. 37
[15]   Vgl. zum Folgenden Haselbach, 1991, S. 35 f.
[16]   Vgl. Ptak, 2004, S. 42 und Haselbach, 1991, S. 40 ff.
[17]   Vgl. Ptak, 2004, S. 26
[18]   Dürr, 1954, S. 6
[19]   Vgl. Dürr, 1954, S. 7 f.
[20]   Vgl. Renner, 2002, S. 57

2.1.2 Theoretische Fundierung des Ordoliberalismus 1933-1945

Aus der Literatur geht nicht eindeutig hervor, wie die Ordoliberalen zum Nationalsozialismus standen. Es lässt sich allerdings nicht leugnen, dass der sich im Nationalsozialismus entwickelnde starke Staat ihren Vorstellungen in den Grundzügen entsprach. Röpke und Rüstow wurden in den frühen 30er Jahren ins Exil gezwungen. Beide arbeiteten dort weiter an ihren liberalen Vorstellungen.[21] Ptak geht davon aus, dass die in Deutschland verbliebenen Ordoliberalen versucht haben, in ihrem wirtschaftspolitischen Sinne Einfluss auf das NS-Regime zu nehmen[22], und dass sie, wenn schon keine Übereinstimmungen „in politischen Grundsatzfragen und ethischen Orientierungen", so doch erhebliche „wirtschaftspolitische Schnittmenge(n)" mit den Nationalsozialisten hatten.[23] Er verweist zum einen auf die Kooperation von Müller-Armack und Ludwig Erhard als Wissenschaftler und Publizisten, die später beide als wichtigste Gründer der Sozialen Marktwirtschaft in die Geschichte eingehen sollten.[24] Zum anderen geht er auf die fehlende Opposition in den Texten der reinen Theoretiker, wie Eucken, ein. Ernst-Wolfram Dürr weist hingegen darauf hin, dass die Ordoliberalen es unter dem nationalsozialistischen Regime sehr schwer gehabt hätten.[25]

Unabhängig von der Position, die die Ordoliberalen damals einnahmen, ist die Menge an Publikationen und Schriften, die sie während jener Zeit schrieben und veröffentlichten, bemerkenswert. Sie versuchten, ihre Vorstellungen eines liberalen Staates der Öffentlichkeit kundzutun und ihre Theorien weiter auszuarbeiten.

Nach 1933 formierte sich um Eucken die sogenannte *Freiburger Schule*, die Ptak als theoretisches Rückgrat des deutschen Ordoliberalismus bezeichnet.[26] Zu ihrem Kreis zählten auch Franz Böhm und Hans Großmann-Doerth, mit denen gemeinsam Eucken 1937 das erste von insgesamt vier Heften der

---

[21] Vgl. Dürr, 1954, S. 11 f.
[22] Vgl. Ptak, 2004, S. 89
[23] Ptak, 2004, S. 71
[24] Vgl. zum Folgenden Ptak, 2004, S. 89
[25] Vgl. Dürr, 1954, S. 9
[26] Ptak, 2004, S. 57

Schriftenreihe *Ordnung der Wirtschaft* herausbrachte.[27] Darin ging es um die Notwendigkeit ordnungspolitischer Grundsätze für die praktische Wirtschaftspolitik sowie um die theoretische Entwicklung eines in die Kritik geratenen Liberalismus mit neuen Richtlinien. Ein wichtiger Grundsatz war die Verknüpfung von Recht und Ökonomie: Eine funktionierende Wirtschaftsordnung sei nur möglich, wenn sie rechtlich abgesichert sei.[28] Hierfür sollten Juristen und Ökonomen eng zusammenarbeiten.

In die gleiche Richtung zielt Röpke mit seinem Werk *Die Gesellschaftskrisis der Gegenwart*, wenn er „Schutznormen und Rechtsprinzipien", also einen „*Rechtsstaat*"[29] fordert. Er sieht dies als erforderlich für eine funktionierende Marktwirtschaft an. Des Weiteren dürfe der Erfolg der Wirtschaftsteilnehmer nur über den Markt bestimmt werden, und Leistung müsse immer am Konsumenten ausgerichtet sein.[30] „Freiheit, politische Entgiftung des Wirtschaftsbereiches, Sauberkeit und Frieden – das sind die immateriellen Leistungen der reinen Marktwirtschaft."[31] Als materielle Leistungen sieht er die Produktionssteigerung und zunehmende Wohlfahrt an. Die Wirtschaftsform, die Röpke vor Augen hat, ist „für die Kleinen und gegen die Großen, für Fairness und Konkurrenz und gegen Ausbeutung und Monopole, für ausgleichende Gerechtigkeit und gegen Privilegien, für auflockernde Dezentralisierung und gegen verfilzende Konzentration."[32] Auch Röpke sprach sich für die Durchsetzung von Rahmenbedingung in der Wirtschaftspolitik, aber gegen das Eingreifen in die Wirtschaftsprozesse aus.[33] Allerdings machte er sich bewusst, dass Eingriffe von Seiten des Staates notwendig sein können.[34] Diese seien allerdings nur im Sinne einer funktionierenden Marktwirtschaft, wenn sie *konform* seien und also in die gleiche Richtung wie die Marktmechanismen wirkten.

---

[27] Vgl. zum Folgenden Ptak, 2004, S. 58 u. S. 90
[28] Vgl. zum Folgenden Evers, 2003, S. 28 f.
[29] Röpke, 1948, S. 156 (Herv. im Original)
[30] Vgl. Röpke, 1948, S. 170 f.
[31] Röpke, 1948, S. 175
[32] Röpke, 1948, S. 190
[33] Vgl. Röpke, 1948, S. 298
[34] Vgl. zum Folgenden Röpke, 1948, S. 259

In seinem erstmals 1943 erschienen Buch *Civitas Humana* entwickelt Röpke ein auf seinen Vorstellungen basierendes „Gesamtprogramm der Wirtschafts- und Gesellschaftsreform"[35]:

I. Herstellung einer echten Wettbewerbsordnung (Antimonopolpolitik)
II. Positive Wirtschaftspolitik (Anti-Laissez-faire[36])
    1. Rahmenpolitik
    2. Marktpolitik (liberaler Interventionismus[37]) (…)
III. Wirtschaftlich-soziale Strukturpolitik (…)
IV. Gesellschaftspolitik

Dieses Programm zeigt in Kürze, was für Röpke in welcher Reihenfolge wichtig war. Die einzelnen Punkte führt er im Text detaillierter aus.

Ein weiteres wichtiges Werk in der Entwicklung des Ordoliberalismus ist Euckens erstmalig 1940 erschienenes *Die Grundlagen der Nationalökonomie.* Darin beschäftigte Eucken sich unter anderem mit der Ausgestaltung zweier Grundtypen von Wirtschaftssystemen, der *Zentralgeleiteten Wirtschaft* und der *Verkehrswirtschaft.* Am Ende kommt er aber zu dem Schluss, dass „nur eine ordnungspolitisch umrahmte Marktwirtschaft als ökonomisch sinnvoll und menschengerecht akzeptiert"[38] werden kann. Und in diesem Werk erwähnt er auch zum ersten Mal den „Ordo-Gedanke(n)".[39] Er unterscheidet Wirtschaftsordnungen bzw. -strukturen von der Ordnung bzw. Ordo, die dem Menschen und der Natur der Sache entspricht und gerecht ist.[40] „Er (der Ordo-Gedanke, Anm. d. Verf.) bedeutet die sinnvolle Zusammenfügung des Mannigfaltigen zu einem Ganzen."[41]

---

[35] Röpke, 1949, S. 100
[36] Als Laissez-faire-Liberalismus wird der von den Ordoliberalen kritisierte „alte Liberalismus" bezeichnet. Beim Laissez-faire ging man davon aus, dass die Wirtschaft sich selbst einrichten und ohne Vorgaben bestehen könne.
[37] Dieser Begriff wurde ursprünglich von Rüstow benutzt. Vgl. hierzu Rüstow, 2001, Fn. 2, S. 147
[38] Ptak, 2004, S. 59
[39] Eucken, 1950, S. 239
[40] Vgl. Eucken, 1950, S. 238 f.
[41] Eucken, 1950, S. 239

Die Gegnerschaft der Ordoliberalen dem Kollektivismus gegenüber wird unter anderem bei Rüstow sehr deutlich. „Wie es mit Freiheit und Menschenwürde im Kollektivismus der totalitären Staatswirtschaft steht, das wissen wir heute."[42] Auch für ihn ist eine liberale Wirtschaftsordnung im Sinne eines neuen Liberalismus in Abgrenzung zum Laissez-faire-Liberalismus „die einzige, die ein Maximum an Freiheit und Würde des Menschen garantiert."[43] Ähnlich wie bereits Röpke muss es für Rüstow eine Leistungskonkurrenz auf den Märkten geben, damit diese funktionieren können.[44] Er stellt der Leistungskonkurrenz die Behinderungskonkurrenz gegenüber, die er als marktwidrig bezeichnet. Als die beiden gefährlichsten Formen der Behinderungskonkurrenz bezeichnet er Monopolismus und Subventionismus.

Im Ordoliberalismus werden Monopole und Kartelle grundsätzlich kritisiert, weil sie – aus ordoliberaler Sicht – das Gleichgewicht der Märkte stören, das bei vollständiger Konkurrenz herrscht.[45] Sie bewirken demnach eine Tendenz zur Zerstörung des Wettbewerbs.

2.1.3 Die Grundzüge des Ordoliberalismus

1952 brachten Edith Eucken und K. Paul Hensel die erste Auflage von Walter Euckens *Grundsätze der Wirtschaftspolitik* heraus. An diesem Werk hatte Eucken viele Jahre gearbeitet. Er starb im März 1950 in London, bevor er es beenden und herausbringen konnte. In diesem Band erarbeitet Eucken die Grundzüge des Ordoliberalismus in Form der konstituierenden und regulierenden Prinzipien, die bis heute als allgemeingültige Prinzipien des Ordoliberalismus verstanden werden. Sie werden im Folgenden zusammengefasst wiedergegeben. Es sei bereits hier darauf hingewiesen, dass Eucken immer wieder betont, dass die Prinzipien nur als Gesamtes funktionieren können und nicht jedes für sich genommen. Zudem darf nicht außer Acht gelassen

---

[42]   Rüstow, 2001, S. 151
[43]   Rüstow, 2001, S. 151
[44]   Vgl. zum Folgenden Rüstow, 2001, S. 113 f.
[45]   Vgl. zum Folgenden Dürr, 1954, S. 35 und Evers, 2003, S. 21

werden, dass diese Grundsätze, wie es häufig bei Maximen der Fall ist, von einem Idealzustand ausgehen, den es so in der Realität selten geben wird.

2.1.3.1 Die Politik der Wettbewerbsordnung. Die konstituierenden Prinzipien[46]

1. Das Grundprinzip

Das Grundprinzip bildet den Kern der konstituierenden Prinzipien, auf dem alle anderen Prinzipien basieren und auf den sie ausgerichtet sein müssen. „Zum wesentlichen Kriterium jeder wirtschaftspolitischen Maßnahme" soll „die Herstellung eines funktionsfähigen Preissystems vollständiger Konkurrenz"[47] gemacht werden. Es dürfe keine staatlichen Subventionen, Monopole und dergleichen geben. Ohne einen funktionsfähigen Preismechanismus scheitere jede Wirtschaftspolitik.

2. Primat der Währungspolitik

Die Stabilität des Geldwertes sei nötig, um auf Dauer die Wettbewerbsordnung zu sichern. Eine Währungsverfassung solle möglichst automatisch funktionieren, um Machtmissbrauch und Handeln in Unkenntnis auszuschließen. Es sei hierdurch möglich, ein Lenkungsinstrument in den Wirtschaftsprozess einzubauen, das unter anderem die Investitionstätigkeit anrege.

3. Offene Märkte

Bei Schließung der Märkte bestehe die Gefahr, dass die vollständige Konkurrenz behindert werde. Dies könne durch verschiedene Instrumentarien, wie Einfuhrverbote, geschehen. Weit gefährlicher sei aber die Monopolbildung zur Behinderung der Konkurrenz. Es sei entscheidend, dass der Staat durch eine entsprechende Ordnungspolitik privaten Unternehmen oder Interessengruppen nicht die Möglichkeit biete, auf den Märkten anders als durch Leistung zu überzeugen.

---

[46] Vgl. zum Folgenden, Eucken, 1990, S. 254-291
[47] Eucken, 1990, S. 254

4. Privateigentum

Um eine im ökonomischen Sinne funktionierende Wettbewerbsordnung zu erlangen, müsse sich ein Großteil der Betriebe in privater Hand befinden. Nur wer sein Eigentum bewirtschafte, handele tatsächlich ökonomisch. Im Rahmen der Wettbewerbsordnung müsse „der Charakter des Privateigentums wirklich wettbewerbskonform"[48] sein. Bei Monopolbildung könne dieses Prinzip nicht mehr gelten.

5. Vertragsfreiheit

Damit Konkurrenz entstehen könne, müsse Vertragsfreiheit gelten. Eucken räumt aber auch ein, dass durch Vertragsfreiheit Monopole erst entstehen könnten. Vertragsfreiheit dürfe und solle daher nur dort herrschen, wo es vollständige Konkurrenz gebe.

6. Haftung

Es solle der Grundsatz gelten, dass derjenige, der verantwortlich ist und den Nutzen hat, auch haften muss, damit die Verantwortlichen ihre Investitionen und Ausgaben sorgfältiger prüfen und Risiken abschätzen. Das Gleiche gelte für Unternehmenszusammenschlüsse, da hier zunächst geprüft werden solle, ob das Risiko der Haftungsübernahme lohnend sei. Ein weiterer Aspekt der Haftung müsse sein, dass Verluste, die durch Fehlentscheidungen am Markt entstanden sind, nicht auf andere abgewälzt werden können.

7. Konstanz der Wirtschaftspolitik

„Eine gewisse *Konstanz* der Wirtschaftspolitik ist nötig, damit eine ausreichende Investitionstätigkeit in Gang kommt. Ohne diese Konstanz wäre auch die Wettbewerbsordnung nicht funktionsfähig."[49] Um dies zu gewährleisten, müssten Steuern, Handelsverträge, Währungseinheiten usw. festgelegt werden. Es müsse ein wirtschaftsverfassungsrechtlicher Rahmen geschaffen werden, in dem Änderungen nur mit Bedacht getroffen werden, damit eine Wirtschaftsplanung über längere Zeiträume möglich sei.

---

[48] Eucken, 1990, S. 274
[49] Eucken, 1990, S. 288 (Herv. im Original)

Abschließend erläutert Eucken nochmals, wie wichtig es ist, dass alle diese Prinzipien nur zusammen im Sinne einer gewollten Wirtschaftsordnung funktionieren können. Sie können, einzeln angewandt, zum Teil auch in anderen Wirtschafts- und Gesellschaftsformen wirken, dort aber in eine andere Richtung tendieren. „Alle Prinzipien dienen also *einer* wirtschaftspolitischen Gesamtentscheidung und sind Mittel, um die Gesamtentscheidung in concreto durchzusetzen."[50]

2.1.3.2 Die Politik der Wettbewerbsordnung. Die regulierenden Prinzipien[51]

Obwohl Eucken die konstituierenden Prinzipien detailliert ausgearbeitet hatte, war er sich bewusst, dass sie nicht alle in der Wirklichkeit auftretenden Probleme beschreiben oder gar lösen. Um die Wettbewerbsordnung im Sinne der konstituierenden Prinzipien funktionsfähig zu erhalten, hat er daher die regulierenden Prinzipien entworfen.

1. Das Monopolproblem in der Wettbewerbsordnung
Bei Einhaltung der konstituierenden Prinzipien können nur wenige systemgerechte Monopole entstehen. Allerdings kann es trotzdem zur Monopolbildung kommen, zum Beispiel wenn die Nachfrage nach einem Gut so gering ist, dass nur einer oder wenige Betriebe durch dessen Produktion bestehen können, oder bei Energieversorgern in Städten. Um dem Problem des politischen Einflusses der Interessengruppen zu entgehen, sei es nötig, ein unabhängiges staatliches Monopolaufsichtsamt zu gründen. Eucken sieht darin – im Gegensatz zur Verstaatlichung von Monopolen und zur Kontrolle durch die Arbeiterschaft – die einzige Möglichkeit, im Sinne der Wettbewerbsordnung gegen Monopole vorzugehen bzw. sie zu kontrollieren. Zudem solle dieses Amt dafür sorgen, dass die Monopolisten sich weitestgehend wettbewerbskonform verhalten.

---

[50]   Eucken, 1990, S. 289 (Herv. im Original)
[51]   Vgl. zum Folgenden Eucken, 1990, S. 291-304

2. Einkommenspolitik

Einkommen entstehen durch den Wettbewerb am Markt. Eucken kritisiert, dass diese Einkommensverteilung nicht nach ethischen, sondern nach rein automatischen Kriterien verlaufe und daher unterschiedlich ausfallen könne. Er geht auf die mögliche soziale Ungerechtigkeit ein und nennt als Korrekturmittel die Steuerprogression. Sie solle Ausgleich schaffen, aber dennoch nicht die Investitionsneigung senken, weshalb sie begrenzt sein müsse.

3. Wirtschaftsrechnung

Die Wirtschaftsrechnungen der Einzelnen werden über den Markt zu einer gesamten Wirtschaftsrechnung. Allerdings erkennt Eucken, dass der Einzelne in der Regel nur Daten und Auswirkungen berücksichtige, die ihn beträfen. Daher sei es notwendig, dass Regelungen für Dritte getroffen werden. Hierzu zählen insbesondere Arbeitsschutzmaßnahmen wie Arbeitszeitregelungen, Unfallschutz und die Regelung von Frauen- und Kinderarbeit.

4. Anormales Verhalten des Angebotes

Der Lohn- und Preisverfall, der auf einigen Arbeitsmärkten herrsche, müsse aufgehalten werden. Sinkende Preise und Löhne könnten dazu führen, dass das Arbeitsangebot steige. Eucken geht generell davon aus, dass diese Situationen selten seien, sofern die konstituierenden Prinzipien angewandt werden, und dass die Menschen flexibel in andere Berufe wechseln können, in denen die Löhne dem Wettbewerb entsprechen. „Wenn sich trotzdem das Angebot auf einem Arbeitsmarkt nachhaltig anomal verhalten sollte, würde die Festsetzung von Minimallöhnen akut werden."[52]

2.1.4 Entwicklungen in der Nachkriegszeit und die Entstehung der Sozialen Marktwirtschaft

Die ordoliberalen Theoretiker untersuchten in den 30er und 40er Jahren ein breites Feld ordoliberaler Themen und entwickelten viele Beiträge zum Ordoliberalismus. So auch die Exilanten Rüstow und Röpke, die sich neben

---

[52]   Eucken, 1990, S. 304

Müller-Armack auch viel mit soziologischen und kulturwissenschaftlichen Themen beschäftigten.[53] „Insgesamt bewiesen gerade die in Deutschland gebliebenen Ordoliberalen ein Gespür für die politisch-ideologische und sozialpsychologische Situation und eine enorme Anpassungsfähigkeit an die veränderten Verhältnisse."[54] Neben ihrem theoretischen Fundament war dies einer der Gründe, warum die Ordoliberalen einen wesentlichen Einfluss auf die wirtschafts- und gesellschaftspolitischen Entwicklungen hatten. Es gab von Seiten der Politik zunächst keine konkreten Pläne, wie deutsche Wirtschafts- und Gesellschaftspolitik nach dem Nationalsozialismus gestaltet werden sollte.[55] Die Ordoliberalen setzten zu diesem Zeitpunkt auf Politikberatung und Aufklärung, um ihre Ideen einzubringen. Es war besonders die Antimonopolpolitik in Verbindung mit der Gesellschaftspolitik, die auf eine gestärkte Mittelstandsgesellschaft baute (so in erster Linie von Röpke und Rüstow gezeichnet), die auf Zustimmung traf. Problematisch war jedoch, dass die Ordoliberalen nicht über ein Gesamtprogramm für die konkrete Ausgestaltung von Wirtschaft und Gesellschaft verfügten. So entwickelten die Mitglieder der *Freiburger Schule* im Kern eher eine Wettbewerbsordnung aus ökonomischer Sicht, die trotz der gleichen Grundeinstellungen in keinerlei Zusammenhang zu den hauptsächlich gesellschaftspolitisch orientierten Arbeiten Röpkes und Rüstows stand. Vor allem Müller-Armack erkannte das.

1947 brachte Müller-Armack sein Werk *Wirtschaftslenkung und Marktwirtschaft* heraus. Darin fällt zum ersten Mal der Begriff der *Sozialen Marktwirtschaft*. Müller-Armack macht deutlich, wie wichtig es sei, für den deutschen Wiederaufbau eine geeignete Ausgestaltung der Wirtschaftspolitik zu finden.[56] Er sieht nur die Möglichkeiten der Wirtschaftslenkung und der Marktwirtschaft. Aber nur in der Marktwirtschaft sei menschliche Freiheit ohne eine Übermacht möglich.[57] Die geistige und politische Unabhängigkeit des Einzelnen sei sehr wichtig und müsse mit der Wirtschaftsordnung festgelegt

---

[53]   Vgl. Ptak, 2004, S. 134
[54]   Ptak, 2004, S. 163
[55]   Vgl. zum Folgenden Ptak, 2004, S. 201 ff.
[56]   Vgl. zum Folgenden Müller-Armack, 1947, S. 59
[57]   Vgl. zum Folgenden Müller-Armack, 1947, S. 64 f.

und gesichert werden, da Interessengruppen immer wieder Macht über andere anstreben. „Daß auch im Wirtschaftlichen die persönliche Freiheit und Menschenwürde wiederhergestellt wird, daß alles zu tun ist, um einen schnellen und wirksamen Wiederaufbau des Zerstörten zu erreichen, daß soziale Gerechtigkeit und wirtschaftlicher Wohlstand erstrebt werden, darüber dürfte insgesamt Einhelligkeit bestehen."[58] Nur die Marktwirtschaft habe die Möglichkeit „eine maximale Versachlichung und Entpolitisierung des Wirtschaftlichen"[59] zu erreichen. Die Marktwirtschaft benötige eine Ordnung und müsse stets auf den Konsum ausgerichtet sein, über den sich eine Art Gleichgewicht einstelle.[60] Der Konsument stehe im Vordergrund, und die Marktteilnehmer hätten sich nach ihm zu richten. So entstünden Leistungswille und -steigerung und die (aufkommende) Konkurrenz verhindere die Monopolbildung. Müller-Armack betrachtet jedoch die Marktordnung nur als Organisationsmittel der Wirtschaft, dem jegliche Art von sozialer Ordnung fremd sei.[61] So bestehe „die Notwendigkeit eines übergreifenden Rechts sozialer, staatlicher und geistiger Werte".[62] Als Vorschlag zu einer neuen wirtschaftspolitischen Lösung schlägt er dann die Soziale Marktwirtschaft vor, die „keine sich selbst überlassene, liberale Marktwirtschaft (im Sinne des alten Liberalismus zu Beginn des 20. Jahrhunderts, Anm. d. Verf.), sondern eine bewußt gesteuerte, und zwar sozial gesteuerte Marktwirtschaft sein soll."[63] Wesentlicher Bestandteil einer gestalteten Marktwirtschaft sei eine konstruktive Wettbewerbspolitik.[64] In der Marktwirtschaft allein lägen jedoch keine Werte und kulturellen Normen sowie Freiheit und Unabhängigkeit der Menschen.[65] „Es geht hier um die Möglichkeit einer Wirtschaftspolitik, die in doppelter Optik sieht, die auf der einen Seite die marktwirtschaftlichen Notwendigkeiten beachtet, aber auf der anderen es am entschiedenen Wollen, die uns vorschwebenden sozialen und kulturellen Ziele zu erreichen, nicht fehlen läßt."[66]

---

[58] Müller-Armack, 1947, S. 66
[59] Müller-Armack, 1947, S. 69
[60] Vgl. zum Folgenden Müller-Armack, 1947, S. 71 ff.
[61] Vgl. Müller-Armack, 1947, S. 85
[62] Müller-Armack, 1947, S. 86
[63] Müller-Armack, 1947, S. 88
[64] Vgl. Müller-Armack, 1947, S. 96
[65] Vgl. zum Folgenden Müller-Armack, 1947, S. 104 ff.
[66] Müller-Armack, S. 106

Alle seine positiven Erkenntnisse zur Marktwirtschaft setzt Müller-Armack in seinem Werk immer wieder in einen extremen Gegensatz zu der in seinen Augen negativen Lenkungswirtschaft.

Müller-Armack gilt laut Ptak deshalb als herausragend für die Konzeptbildung der Sozialen Marktwirtschaft, da er parallel zu den Ordoliberalen ein Programm entwarf, dass die bis dahin entwickelten Theorien in eine politisch-wirtschaftliche Realität übertrug.[67] Auch Andreas Renner geht darauf ein, dass der Ordoliberalismus eher als konkrete, theoretische Wissenschaft betrachtet werden kann, während die Soziale Marktwirtschaft praxisnäher und damit als politisches Leitbild gilt.[68] Bei Müller-Armack war das Konzept der Sozialen Marktwirtschaft von Beginn recht offen und wandelbar.[69] Dies begründete er damit, dass eine Anpassung an die Dynamik der Zeit wichtig sei, damit ein System Bestand haben könne. Als Voraussetzung gelte aber trotzdem, dass „die liberal-marktwirtschaftliche Grundstruktur der Gesellschaft in ihrer Substanz"[70] erhalten bleibe. Müller-Armack polarisierte nicht, sondern verstand es, sich sprachlich gewandt der Zeit anzupassen und seine Idee der Sozialen Marktwirtschaft in politische Debatten einzubringen.

Neben Müller-Armack ist es Ludwig Erhard, der als entscheidender Wegbereiter der Sozialen Marktwirtschaft in Deutschland gilt. Die westlichen Besatzungsbehörden im Nachkriegsdeutschland wollten eine liberale Wirtschaftsordnung und hatten so bereits vor Erhards Amtsantritt als Direktor des Vereins für Wirtschaft (VfW) im März 1948 die Weichen in Richtung einer Marktwirtschaft gestellt.[71] Als realwirtschaftlicher Zeitpunkt, an dem die Soziale Marktwirtschaft entstand, nennt Ptak die Währungsreform vom 20. Juni 1948 und das darauf folgende Leitsätzegesetz.[72] Zu diesem Zeitpunkt hatte Erhard bereits viel Macht in seiner Position erlangt. Er gilt unter anderem deshalb als Mitbegründer der Sozialen Marktwirtschaft. 1949 zog die

---

[67]   Vgl. Ptak, 2004, S. 213
[68]   Vgl. Renner, 2002, S. 70
[69]   Vgl. zum Folgenden Ptak, 2004, S. 217 f.
[70]   Ptak, 2004, S. 218
[71]   Vgl. Ptak, 2004, S. 241
[72]   Vgl. Ptak, 2004, S. 209

CDU unter Konrad Adenauer mit dem Programm der Sozialen Marktwirtschaft in den Bundestagswahlkampf ein.[73] Die SPD folgte programmatisch erst 1959.[74] Das Bundesministerium für Wirtschaft (BMWi), das aus dem VfW hervorgegangen war, nahm mit Erhard als Leiter eine zentrale Rolle bei der Implementierung der ordnungspolitischen Ziele ein. Das BMWi war stark mit der Person Erhards verknüpft, weshalb er mit seiner wirtschaftspolitischen Haltung öffentlich wirksam werden konnte. Die Grundsatzabteilung des BMWi war die Abteilung Wirtschaftspolitik, die sich mit Wirtschaft, Wissenschaft und Politik befasste. Sie wurde von 1952 bis 1958 von Müller-Armack geleitet, der anschließend als Staatssekretär für die Europapolitik des Ministeriums verantwortlich war. Einen wesentlichen ordnungspolitischen Einfluss auf die Politik Erhards nahmen die Ordoliberalen durch ihre Tätigkeiten im wissenschaftlichen Beirat des BMWi.[75] Dieser war bereits für den VfW tätig und unter anderem mit Eucken, Böhm und Müller-Armack besetzt. Der als Wirtschaftswunder bezeichnete Aufschwung ab 1951/52 gilt als „entscheidende politische Legitimationsquelle der Regierung Adenauer/Erhard."[76] Der ordnungspolitische Kurs der Regierung, von der ordoliberalen Wissenschaft unterstützt, wurde als Ursache für die positiven Entwicklungen betrachtet.[77] Trotz dieser Einflüsse kam es in der Praxis zu immer mehr Abweichungen von den ordoliberalen Grundprinzipien, da sie nur zum Teil in die reale Wirtschaftspolitik passten.[78] Es kam zu Eingriffen in die Wirtschaftsprozesse, zum Beispiel durch Subventionierungen und staatliche Investitionen. Zudem wich die Realität von den sozialpolitischen Vorstellungen der Ordoliberalen und der Sozialen Marktwirtschaft ab. Die Entwicklung in Richtung eines Sozialstaates wurde weiter voran getrieben, beispielsweise als Adenauer zugunsten der Rentenreform entschied. Auch das Prinzip der Gewerkschaften (und der Tarifautonomie) wurde von den Ordoliberalen nicht unterstützt. Gewerkschaften behinderten in ihrer Wahrnehmung die freie Lohngestaltung

---

[73] Vgl. Ptak, 2004, S. 251
[74] Vgl. zum Folgenden Ptak, 2004, S. 254 f.
[75] Vgl. zum Folgenden Ptak, 2004, S. 256 f.
[76] Ptak, 2004, S. 265
[77] Vgl. Ptak, 2004, S. 265
[78] Vgl. zum Folgenden Ptak, 2004, S. 276 ff.

und waren als (Teil-)Monopole zu betrachten.[79] Ilse Horn bezeichnet das System der Tarifautonomie „als klassische(n) und bewährte(n) Kernbestandteil der Sozialen Marktwirtschaft."[80] Hier werden die Differenzen zwischen den Prinzipien der Ordoliberalen und den Entwicklungen der Sozialen Marktwirtschaft deutlich. Dennoch kam es zu ordnungspolitisch geprägten Entscheidungen, Gesetzen und Institutionen, wie dem am 01. Januar 1958 verabschiedeten *Gesetz gegen Wettbewerbsbeschränkungen* (GWB)[81] oder zur Schaffung der Bundesbank als eigenständige, nicht parlamentarischen Einflüssen ausgesetzten Institution für Geldpolitik.[82] Der Einfluss der Ordoliberalen schwand ab 1960, auch aus personellen Gründen, erheblich.[83]

Der Begriff der Sozialen Marktwirtschaft kann heute nicht eindeutig definiert werden. Dies liegt unter anderem daran, dass die Soziale Marktwirtschaft verfassungsrechtlich nicht abgesichert ist.[84] Dennoch muss beachtet werden, dass es die Soziale Marktwirtschaft ohne den Ordoliberalismus und seine Grundlagen nicht geben würde. Der Ordoliberalismus hatte in der Gründungsphase der Bundesrepublik Deutschland sehr großen Einfluss und obwohl eine Durchsetzung seiner Gesamtprogrammatik gescheitert ist, haben viele Themen auch heute noch einen Einfluss auf die Wirtschaftspolitik.[85] Hierzu zählen die Theorie der Wettbewerbsordnung und in diesem Zusammenhang eine über den Interessen stehende Gewalt zur Wahrung des Wettbewerbs. Außerdem gilt dies „für den ordnungstheoretischen Ansatz im allgemeinen und die These von der Interdependenz der Ordnungen im speziellen".[86] Nach wie vor hat die Soziale Marktwirtschaft in Deutschland eine hohe Bedeutung und wird von Politikern mal mehr (durch die schwarz-gelbe Regierung unter Helmut Kohl) und mal weniger nach den ursprünglichen Grundzügen umgesetzt.[87] Horn sieht auch in der Bevölkerung eine hohe

---

[79]   Vgl. Eucken, 1990, S. 186
[80]   Horn, 2010, S. 118
[81]   Vgl. Ptak, 2004, S. 275
[82]   Vgl. Ptak, 2004, S. 298
[83]   Vgl. Plickert, 2010, S. 37
[84]   Vgl. Ptak, 2004, S. 298
[85]   Vgl. zum Folgenden Ptak, 2004, S. 298 f.
[86]   Ptak, 2004, S. 299
[87]   Vgl. Kovács, 2010, S. 210 f.

Akzeptanz der Sozialen Marktwirtschaft, da die Deutschen sehr sicherheitsorientiert seien.[88] Sie verweist in diesem Zusammenhang auf den Begriff *Vater Staat,* den es in keinem anderen Land gebe. „Doch unter den Bedingungen von Globalisierung, Entnationalisierung und Strukturwandel ist die Idee einer Sozialen Marktwirtschaft immer undeutlicher und variabler geworden."[89] Geht man aber dennoch von einer Sozialen Marktwirtschaft, basierend auf den ordoliberalen Entwicklungen in Deutschland, aus, ist eine Berücksichtigung ihrer Grundprinzipien unabdingbar.

2.2 Betrachtung des Arbeitsmarktes in der Volkswirtschaftslehre

Die Betrachtung von Arbeitsmärkten erfolgt in erster Linie als theoretischer Aspekt der Volkswirtschaftslehre. Dennoch sollten Untersuchungen nie vollkommen losgelöst von der politischen Situation erfolgen. Wie im vorherigen Kapitel ausführlich erläutert, soll der Staat in der Sozialen Marktwirtschaft einen ordnungspolitischen Rahmen vorgeben, so auch auf den Arbeitsmärkten. Auf Arbeitsmärkten herrscht Wettbewerb zwischen Anbietern (Arbeitnehmern) und Nachfragern (Arbeitgebern), und es besteht grundsätzlich Vertragsfreiheit.[90] Dennoch hat der Staat die Aufgabe, die im Grundgesetz (GG)[91] festgehaltenen Gesetze, unter anderem den Schutz der Menschenwürde (Art. 1 Abs. 1), das Grundrecht auf freie Entfaltung der Persönlichkeit (Art. 2) und das Diskriminierungsverbot (Art. 3), zu sichern. Hierfür sind mitunter staatliche Interventionen bei der Arbeitsmarktpolitik vonnöten. Bei David Klingenberger u.a. heißt es daher, dass der Arbeitsmarkt nicht vollkommen ungeordnet, aber auch nicht vollkommen reguliert sein könne. Vor diesem Hintergrund soll nun die neoklassische Arbeitsmarkttheorie betrachtet werden. Sie gilt heute als die vorherrschende Theorie unter Volkswirtschaftlern, ist Bestandteil aller Grundlagenlehrbücher und Studieninhalt.

---

[88] Vgl. zum Folgenden Horn, 2010, S. 110
[89] Kovács, 2010, S. 211
[90] Vgl. zum Folgenden Klingenberger u.a., 2000, S. 45
[91] Grundgesetz für die Bundesrepublik Deutschland vom 23.05.1949 (BGBl. III 100-1) in der Fassung vom 21.07.2010 (BGBl. I S. 944)

2.2.1 Arbeitsangebot und -nachfrage

Wie eingangs bereits erwähnt, herrscht auf den Arbeitsmärkten ein Wettbewerb zwischen Anbietern und Nachfragern. Wie es zu einer wettbewerblichen Lohnpreisbildung kommt, soll nun abstrahiert erläutert werden.

Bei der Betrachtung der Anbieterseite muss beachtet werden, dass der Anbieter bei der Entscheidung über die Menge seiner anzubietenden Arbeit vor der Wahl steht, zu einem gewissen Stundenlohnsatz Arbeit anzubieten und so mehr Geld zu verdienen, oder den Nutzen von mehr Freizeit zu haben.[92] Nimmt man an, dass der Mensch acht Stunden des Tages zur Erholung benötigt, bleiben 16 Stunden, über die er frei verfügen kann. Man muss allerdings davon ausgehen, dass ein Teil dieser Zeit gearbeitet werden muss, um den Lebensunterhalt auf einem Minimum halten zu können. Der Anbieter muss also entscheiden, ob er mehr arbeitet und somit mehr Geld, aber weniger Freizeit zur Verfügung hat, oder ob er weniger arbeitet, weniger Geld zur Verfügung hat, dafür aber mehr Freizeit. Das tatsächliche Mengenangebot ergibt sich aus dem Nettowert zweier gegensinniger Effekte: Je höher der Lohnsatz ist, desto teurer ist eine Freizeiteinheit. Es kommt daher zu einer Substituierung der Freizeit durch Arbeit, und das Arbeitsangebot steigt. Andererseits nimmt aber auch der Grenznutzen pro Einkommenseinheit bei steigendem Lohn ab. Das heißt: Mit jeder zusätzlichen Einheit, die man mehr Geld verdient, sinkt der Nutzen, den man daran hat.[93] Der Grenznutzen jeder zusätzlichen Einheit Freizeit würde hingegen zunehmen, da man weniger von ihnen hätte. Der Anbieter würde also bei steigendem Lohn weniger arbeiten. Die tatsächliche Entscheidung hängt unter anderem von der Ausgangsposition und Interessenlage des jeweiligen Anbieters ab.

---

[92] Vgl. zum Folgenden Molitor, 1988, S. 43 ff.
[93] Zum besseren Verständnis des Grenznutzens sei hier ein Beispiel gegeben: Wenn man Hunger auf Hamburger hat, freut man sich sehr auf und über den ersten Hamburger. Der Grenznutzen ist sehr hoch, da man satt wird und den Geschmack genießt. Wenn man einen zweiten Hamburger isst, nimmt der Grenznutzen schon ab. Man hat immer noch etwas Hunger und der Hamburger schmeckt immer noch, allerdings nicht mehr so sehr wie der erste. Mit jedem weiteren Hamburger, den man isst, wird der Grenznutzen immer geringer, da man immer weniger Hunger hat und den Geschmack immer weniger genießen kann.

Auf der Nachfrageseite muss beachtet werden, dass es sich bei der Arbeitsnachfrage um eine aus dem Gütermarkt abgeleitete Nachfrage handelt.[94]
Arbeit ist kein Selbstzweck, sie interessiert in einer Marktwirtschaft nur,
wenn sie zur Produktion von Produkten und Dienstleistungen genutzt werden
kann. Zur Bestimmung der Nachfragemenge geht man von einer Produktions-
funktion mit abnehmendem Grenzprodukt aus. Das bedeutet, dass mit jeder
zusätzlichen Arbeitseinheit ein geringeres Ergebnis erzielt werden kann. Der
Nachfrager muss daher abwiegen, inwiefern der Nutzen einer zusätzlichen
Arbeitseinheit, die einer weiteren Arbeitskraft entspricht, gewinnbringend für
den Arbeitgeber ist. Hierfür wird das Grenzwertprodukt (oder Wertgrenzprodukt) errechnet. Es ergibt sich aus der Multiplikation des Grenzproduktes,
also der Menge, die eine zusätzliche Arbeitskraft produzieren kann, mit dem
Verkaufspreis des Produktes. Geht man von einem polypolistischen[95] Gütermarkt aus, kann das Unternehmen den Verkaufspreis nicht beeinflussen, da er
vom Markt vorgegeben ist. Der allgemein gültigen Formel *Gewinn = Ge-
samterlöse – Gesamtkosten* folgend, wird ein Unternehmer „nun soviel
Arbeitsmengen mehr (oder weniger) nachfragen, bis *das Wertgrenzprodukt
des Arbeitsfaktors sich mit seinem Preis auf dem Faktormarkt, also dem
gegebenen Lohnsatz deckt*".[96] Hierbei spricht man auch häufig von der Produktivität eines Arbeitnehmers. In der Abbildung 2.1 wird dieser Zusammenhang deutlich.

---

[94] Vgl. zum Folgenden Molitor, 1988, S. 47 f. und Mankiw, 2001, S. 418 ff.
[95] Ein Polypol bezeichnet eine Situation, in der viele Anbieter vielen Nachfragern gegenüber stehen.
[96] Molitor, 1988, S. 47 (Herv. im Original fett gedruckt)

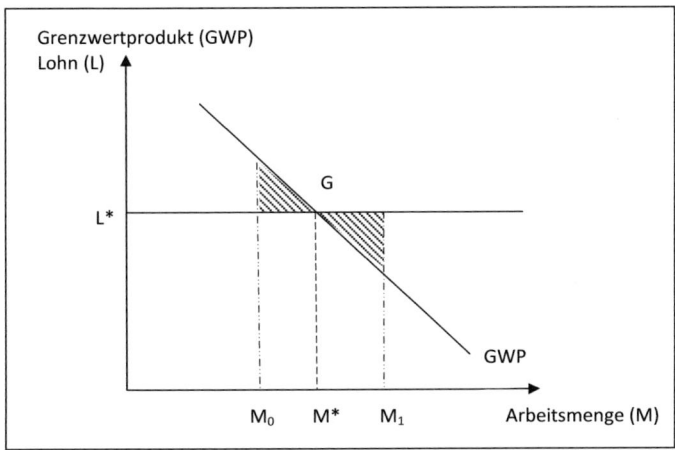

Abbildung 2.1: Grenzwertproduktkurve
Quelle: Eigene Darstellung in Anlehnung an Klingenberger u. a., 2000,
S. 197, Mankiw, 2001, S. 421, Molitor, 1988, S. 48

Auf der Ordinate sind das Grenzwertprodukt GWP und der Lohnsatz L abgetragen, auf der Abszisse die Arbeitsmenge M. Würden bei gleichbleibendem Lohn L* mehr Arbeitskräfte als im Gleichgewicht G nachgefragt werden (M_1), würden diese mehr Kosten als Erlöse einbringen (rechte schraffierte Fläche).[97] Würden weniger nachgefragt werden (M_0), könnten einem Unternehmer ggf. Gewinne entgehen, da theoretisch mehr Erlöse als Kosten durch die zusätzlichen Arbeitseinheiten eingebracht würden (linke schraffierte Fläche). Die abfallende Kurve des Grenzwertproduktes kann als Nachfrage nach Arbeit bei variierenden Lohnsätzen gesehen werden. Liegt der Lohnsatz am Markt höher als L*, wird weniger Arbeit M nachgefragt; liegt er niedriger, wird mehr Arbeitsmenge nachgefragt.

---

[97] Vgl. zum Folgenden Molitor, 1988, S. 47 f.

2.2.2 Gleichgewicht auf dem Arbeitsmarkt

Aus den vorangegangen Überlegungen ergibt sich, dass der Lohn auf dem Arbeitsmarkt sich so festsetzt, dass Angebot und Nachfrage übereinstimmen.[98] Diese Erkenntnisse sind in einem der gängigsten Schaubilder der neoklassischen Arbeitsmarkttheorie festgehalten.

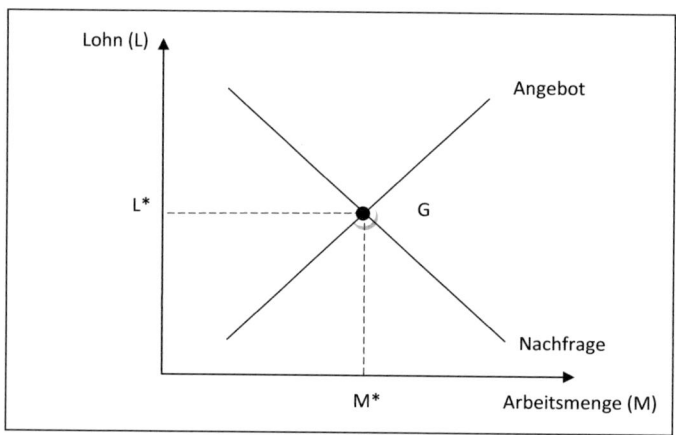

Abbildung 2.2: Das neoklassische Arbeitsmarktmodell
Quelle: Eigene Darstellung in Anlehnung an Jerger, Landmann, 1999, S. 61, Mankiw, 2001, S. 423

Wie bereits in Abbildung 2.1 ist die Arbeitsmenge M auf der Abszisse abgetragen und bezeichnet G das Gleichgewicht von Arbeitsangebot und -nachfrage. Auf der Ordinate ist der Lohn L eingetragen. Bei der Arbeitsangebotskurve wird davon ausgegangen, dass der Substitutionseffekt den Einkommenseffekt dominiert.[99] Das bedeutet, dass der Arbeitnehmer bei höherem Lohn mehr Arbeit anbietet. L* entspricht dem Gleichgewichtslohnsatz, bei dem Arbeitsangebot und -nachfrage übereinstimmen. M* ist die Gleichgewichtsbeschäftigungsmenge, die Vollbeschäftigung entspricht, da zum

---

[98]   Vgl. Mankiw, 2001, S. 422
[99]   Vgl. zum Folgenden Jerger, Landmann, 1999, S. 61 ff.

festgelegten Preis/Lohn weder mehr Arbeit nachgefragt noch angeboten wird. Auch dies ist eine theoretische Annahme, da es Vollbeschäftigung in der Realität nicht geben kann.[100] Dennoch stellt diese Grafik abstrahiert dar, wie ein Gleichgewicht auf dem Arbeitsmarkt und damit Gleichgewichtslöhne entstehen. Durch Parallelverschiebungen der Geraden, zum Beispiel bei einer Ausweitung des Angebotes durch mehr Arbeitskräfte oder einem Anstieg der Nachfrage durch höhere Nachfragen am Gütermarkt, können verschiedene Szenarien und Entwicklungen des Gleichgewichtslohnes betrachtet werden.[101] Durch Veränderung der Steigung der Geraden können die verschiedenen Elastizitäten angegeben werden.[102] Die Elastizität gibt an, wie sich eine Variable relativ ändert, wenn man eine ihrer Einflussgrößen ändert.[103] Bewirken Änderungen der Einflussgröße relativ große Veränderungen der Variablen, gilt diese als elastisch. Ist die Reaktion der Variablen auf die Veränderung der Einflussgröße hingegen gering, ist die Variable unelastisch. Je steiler die Geraden sind, desto unelastischer sind jeweils das Angebot oder die Nachfrage.[104] Dies ist beispielhaft an der Nachfragekurve in Abbildung 2.3 dargestellt.

---

[100] Aufgrund von z.B. friktioneller und saisonaler Arbeitslosigkeit wird ein Teil der Bevölkerung immer arbeitslos sein. Vgl. hierzu Jerger, Landmann, 1999, S. 51 und Klingenberger u.a., 2000, S. 119 f.
[101] Vgl. Mankiw, 2001, S. 423 ff.
[102] Vgl. Molitor, 1988, S. 49
[103] Vgl. zum Folgenden Mankiw, 2001, S. 100
[104] Vgl. Molitor, 1988, S. 49 f.

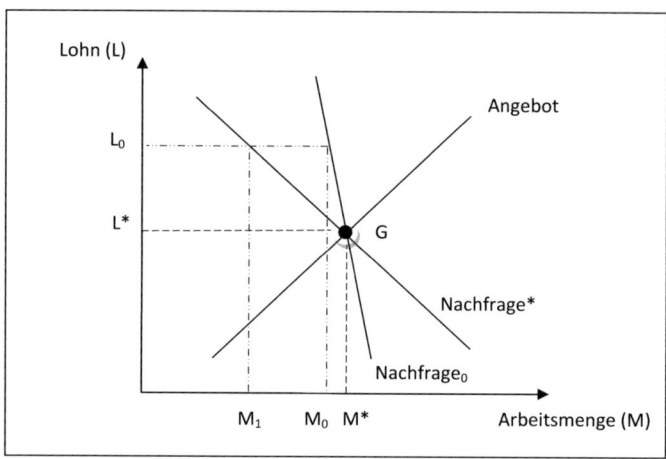

Abbildung 2.3: Das neoklassische Arbeitsmarktmodell bei unelastischer Nachfrage
Quelle: Eigene Darstellung in Anlehnung an Molitor, 1988, S. 49

Die Nachfrage ist unelastischer, dargestellt durch die steilere Gerade *Nachfrage$_0$*. Die ursprüngliche Angebotskurve und das Gleichgewicht G sind gleich geblieben. Würde in diesem Fall der Lohn auf L_0 erhöht werden, käme es nur zu einem geringen Rückgang der nachgefragten Arbeitsmenge (M_0). Zum Vergleich ist auch die ursprüngliche Nachfragekurve (Nachfrage*) aus der Abbildung 2.2 eingezeichnet. Die Arbeitsnachfrage würde bei einer Erhöhung des Lohnes auf L_0 bei diesem Kurvenverlauf erheblich auf M_1 sinken. Es ließen sich weitere Szenarien auf diese Art bestimmen.

2.2.3 Klassische Arbeitslosigkeit

Basierend auf den vorangegangen Grundannahmen wird nun die Arbeitslosigkeit im neoklassischen System beschrieben. Dazu wird die Abbildung 2.2 jeweils um einen höheren (L_0) und einen niedrigeren Lohn (L_1) als den Gleichgewichtlohn (L^*) erweitert.

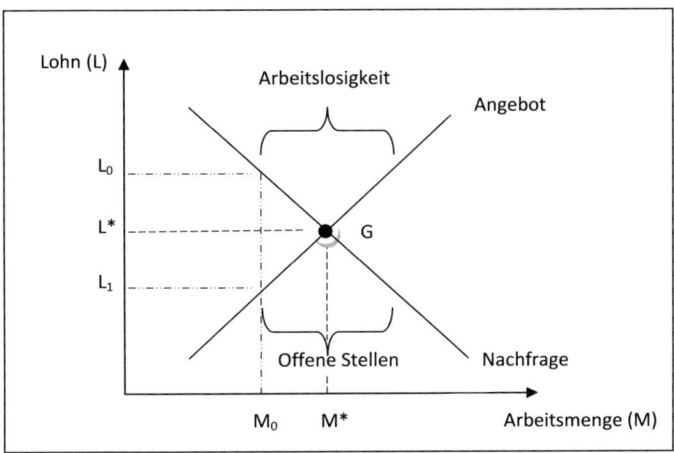

Abbildung 2.4: Das neoklassische Arbeitsmarktmodell mit verschiedenen Lohnniveaus
Quelle: Eigene Darstellung in Anlehnung an Jerger, Landmann, 1999, S. 61

Wird ein Lohn festgelegt, der unterhalb des Gleichgewichtslohnes liegt, wird weniger Arbeit angeboten als benötigt wird, und die Unternehmen haben offene Stellen, die sie nicht besetzten können. Liegt der Lohn oberhalb des Gleichgewichtslohnes, wird mehr Arbeit angeboten als nachgefragt, und es kommt zur Arbeitslosigkeit, die auch als *„klassische(n) Arbeitslosigkeit"*[105] bezeichnet wird. Dieser festgelegte höhere Lohn entspricht in der Regel einem (tariflichen) Mindestlohn. Theoretisch kann man davon ausgehen, dass ein Angebots- oder Nachfrageüberhang durch eine automatische Anpassung des Gleichgewichtslohnes am Markt wieder zu einer Übereinstimmung von Angebot und Nachfrage führt.[106] Im neoklassischen Modell entsteht Arbeitslosigkeit also durch zu hohe Löhne.

Auf das keynesianische Modell wird hier nicht näher eingegangen. Für die weiterführende Literatur sei auf Jerger, Jürgen, Landmann, Oliver, Beschäftigungstheorie, 1999, Berlin, Heidelberg, ab S. 67 verwiesen.

---

[105]   Jerger, Landmann, 1999, S. 63 (Herv. im Original)
[106]   Vgl. zum Folgenden Jerger, Landmann, 1999, S. 63

2.2.4 Anormales Angebotsverhalten

Die beschriebene Theorie lässt sich allerdings noch in eine andere Richtung erweitern. In Kapitel 2.2.1 wurde dargelegt, dass ein Arbeitnehmer die Menge an Arbeit anbieten wird, die ihm einen größtmöglichen Nutzen aus der Kombination von Lohn und Freizeit bietet. Es wurde auch darauf hingewiesen, dass in der Regel gearbeitet werden muss, um ein Existenzminimum zu halten. Bei sehr geringen Löhnen, die weit unter dem Gleichgewichtslohn liegen, kann es, anders als in dem aufgeführten klassischen Modell, zu einem atypischen Verlauf der Angebotskurve kommen.[107] Dieser Verlauf besagt, dass Menschen mit einem sehr geringen Einkommen ihr Arbeitsangebot maximal erweitern, obwohl sie weniger Lohn erhalten. Die folgende Abbildung 2.5 zeigt den Verlauf des Angebots.

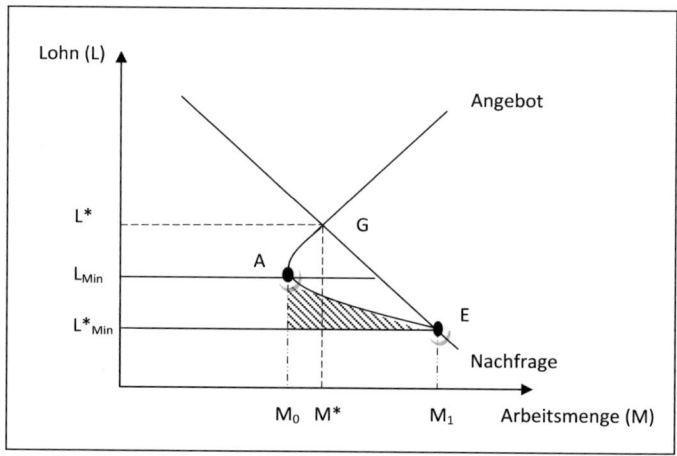

Abbildung 2.5: Anormales Angebotsverhalten
Quelle: Eigene Darstellung in Anlehnung an Eibner (2009): Anormales Angebotsverhalten
am Arbeitsmarkt. Skript für die NBS: Skript MARKT inkl. EXKURS Geld, EZB und
Finanzkrise, Anhang I

---

[107] Vgl. zum Folgenden Franke, 2003, S. 41 f., Klingenberger u.a., 2000, S. 192

Der obere Teil der Angebotskurve stimmt mit dem aus Abbildung 2.2 über-ein. Ab einem gewissen Lohnsatz (Punkt A), der unterhalb des Gleichge-wichtslohnes liegt, beginnt der atypische Verlauf der Kurve. Die Arbeitneh-mer würden für weniger Lohn mehr arbeiten, um sich ein Existenzminimum zu sichern (schraffierte Fläche). Es findet keine Überlegung mehr statt, ob mehr Lohn oder mehr Freizeit ein Nutzenmaximum bringt, da der Lohn zur Existenzsicherung benötigt wird. Bei beispielsweise einer großen Macht der Nachfrager oder einer geringen Einflussnahme durch Gewerkschaften kann das Herabsenken der Löhne sogar bis zu einem neuen sehr geringen Lohnni-veau, dem Ausbeutungsgleichgewicht (Punkt E) stattfinden. Dies stellt dann das neue Marktgleichgewicht dar. Der Punkt A zeigt einen Lohn, ab dem das Angebotsverhalten normal ist, obwohl er unterhalb des Gleichgewichtslohnes liegt. Dieser Punkt könnte also den Mindestlohn darstellen.

2.3 Niedriglohn und Mindestlohn

Für die weitere Betrachtung soll zunächst festgelegt werden, was unter Niedrig- und Mindestlöhnen im Allgemeinen zu verstehen ist und welche Besonderheiten es dabei in der Bundesrepublik Deutschland gibt.

2.3.1 Niedriglohn und Niedriglohnsektor

Mit der Debatte über Mindestlöhne geht auch immer eine Untersuchung der Niedriglöhne und des Niedriglohnsektors einher, da Mindestlöhne vor allem in diesem speziellen Segment des Arbeitsmarktes Folgen hätten. Der Begriff *Niedriglohn* benennt bereits, worum es sich handelt, nämlich um einen gerin-gen Verdienst. Ein Lohn wird grundsätzlich vom Arbeitgeber an den Arbeit-nehmer für die Gegenleistung *Arbeit* gezahlt. Der Begriff an sich erläutert allerdings nicht, wie das Verhältnis von Arbeit zu Lohn oder von dieser Arbeit zu einer anderen mit höherem Lohn ist. Gleichwohl lässt der Wortge-brauch aber zu Recht vermuten, dass es sich um einen niedrigeren Lohn handelt als sonst üblich. So bedeutet der Begriff *Niedriglohn* in der Realität vielfach Armut. Dies ist häufig zutreffend, soll hier aber nicht verallgemeinert werden. Nicht jeder Niedriglohnbezieher ist arm.[108] Armut hängt unter anderem davon ab, wie hoch die Einkommen aller Haushaltsmitglieder sind und über welches Vermögen jeder Einzelne verfügt. Zudem kann gering entlohnte Tätigkeit auch nur vorübergehend sein. Dennoch darf nicht außer Acht gelassen werden, dass ursprünglich die häufigste Ursache für niedrige Löhne in der geringen Produktivität der Arbeitskräfte oder der Art des Arbeitsplatzes lag und zum Teil auch immer noch liegt. Zudem werden „niedrigere Löhne (…) als Notwendigkeit für die Erhaltung der Wettbewerbsfähigkeit deutscher Unternehmen im globalen Markt gesehen".[109] Eine exakte Definition, die in der Literatur häufig verwendet wird, stammt von der OECD. Dort wurde die Niedriglohnschwelle bei zwei Drittel des jeweiligen nationalen Medianlohnes[110] festgelegt.[111] (Die Armutsgrenze wurde von der OECD bei 50% des jeweiligen nationalen Medianlohnes festgesetzt.[112])

Der Medianlohn in Deutschland lag Ende 2009 bei 2.676 € brutto.[113] In Deutschland muss aber nach wie vor eine Unterscheidung nach Ost- und Westdeutschland erfolgen, da die Einkommensunterschiede zum Teil erheblich sind. Somit lag der Medianlohn in Ostdeutschland Ende 2009 laut Daten der Bundesagentur für Arbeit bei 2.050 € brutto und in Westdeutschland bei 2.805 € brutto. Dies bedeutete nach der oben genannten Definition eine Niedriglohnschwelle von 1.784 € brutto für Gesamtdeutschland, 1.366,67 € brutto für Ostdeutschland und 1.870 € brutto für Westdeutschland. In Gesamtdeutschland hatten zu diesem Zeitpunkt 22% der Vollzeitbeschäftigten (ohne Auszubildende) ein Einkommen unterhalb der Niedriglohnschwelle. Die Anzahl der Niedriglohnbezieher in Deutschland nimmt weiter zu.[114] 2010 lag der deutschlandweite Medianlohn laut der Bundesagentur für Arbeit bei

---

[108] Vgl. zum Folgenden Solow, 2007, S. 7 f.
[109] Franke, 2003, S. 26
[110] Der Median gibt den Wert an, der in der Mitte steht, nicht zu verwechseln mit dem arithmetischen Mittel, das den Durchschnittswert angibt. Der Medianlohn ist demnach exakt der Lohn, bei dem 50% der Lohnbezieher weniger und 50% mehr verdienen.
[111] Vgl. Bosch, Kalina, 2007, S. 26
[112] Vgl. OECD, 2011, S. 82
[113] Vgl. zum Folgenden o.V., 2010
[114] Vgl. zum Folgenden Ernst, 2001

2.702 € brutto, was zu einer Niedriglohngrenze von ca. 1.801 € führte. (Eine Unterscheidung nach Ost- und Westdeutschland liegt nicht vor. Es lässt sich aber eine ähnliche Verteilung wie für 2009 vermuten.) Niedriglöhne können aber selbstverständlich auch für Teilzeitarbeit oder geringfügige Beschäftigungen, sogenannte Minijobs[115] bezahlt werden. Sie werden besonders für Tätigkeiten in diesen Arbeitsplatzausgestaltungen häufiger bezahlt als für klassische Vollzeitstellen.[116] Die Tabelle 2.1 gibt eine Übersicht über die Anzahl der Beschäftigten nach Stundenlohnstufen und den Anteil der geringfügig Beschäftigten 2009 auf Basis der Daten des Soziooekonomischen Panels (SOEP).

Tabelle 2.1: Zahl und Anteil der Beschäftigten (ohne Schüler, Studenten, Rentner, Beschäftigte mit Nebenjobs), Anteil der geringfügig Beschäftigten nach Stundenlohn unterhalb von 8,50 €

Stundenlohn (brutto)	Gesamtzahl	in % aller Beschäftigten	Anteil geringfügig Beschäftigter
< 5 €	1.231.558	3,9%	58,1%
< 6 €	2.229.801	7,1%	44,3%
< 7 €	3.572.801	11,3%	37,5%
< 8 €	4.908.336	15,6%	34,0%
< 8,50 €	5.782.410	18,3%	29,8%

Quelle: Eigene Darstellung in Anlehnung an IAQ, 2011 und Hans-Böckler-Stiftung, 2012, S. 4

Aus der Übersicht geht deutlich hervor, dass der Anteil der geringfügig Beschäftigten umso höher ist, je niedriger der Stundenlohn ist.

---

[115] Minijobs sind geringfügig (entlohnte) Beschäftigungsverhältnisse, bei denen der maximale monatliche Lohn zum 01.01.2013 von ursprünglich 400 € auf 450 € angehoben wurde. Der Lohn ist jedoch an keine Stundenvorgabe gekoppelt, so dass es zu verschiedenen Monatsarbeitszeiten kommen kann. Der Arbeitnehmer hat keine Steuern zu zahlen. Es besteht jedoch eine Versicherungspflicht zur gesetzlichen Rentenversicherung, so dass der Arbeitnehmer einen Eigenanteil zu zahlen hat (Differenz zwischen Beitragssatz und 15%-Anteil des Arbeitgebers). Von dieser Versicherungspflicht kann sich der Arbeitnehmer befreien lassen. Vgl. Knappschaft-Bahn-See, o.J.
[116] Vgl. Hans-Böckler-Stiftung, 2012, S. 4

Ein weiterer Ausbau des Niedriglohnsektors wird häufig als Chance gesehen, Arbeitslose in Tätigkeiten zu vermitteln und so einen Abbau der Arbeitslosigkeit zu fördern.[117] Zur Sicherung der Existenz können Empfänger von Niedrigentgelten staatliche Transferleistungen erhalten. Dies geschieht häufig in Form von sogenannten *Kombilohn-Modellen*.[118] Kombilöhne sind einkommensabhängige Lohnsubventionen, die einen Anreiz zur Aufnahme von Arbeit geben sollen. Dies erfolgt in Deutschland zum Beispiel bei den Minijobs durch die Freistellung des Arbeitnehmers von Sozial- und Steuerzahlungen oder durch die Möglichkeit, zu der Arbeitslosenunterstützung etwas hinzuzuverdienen.

Niedriglohnbeschäftigte in Deutschland sind nicht nur Geringqualifizierte. Laut DGB haben 70% der Niedriglohnverdiener eine abgeschlossene Berufsausbildung.[119] Dies liegt aber letztlich auch in dem guten Berufsausbildungsangebot und -niveau in Deutschland begründet. Wie die bisherigen Ausführungen zeigen, gibt es in Deutschland nicht *den Niedriglohnbezieher*. Der Niedriglohnanteil in folgenden Gruppen sozialversicherungspflichtig Vollzeitbeschäftigter ist überdurchschnittlich hoch: Personen ohne Berufsausbildung (34,6%, 2007), Frauen (32,4%, 2007), Personen unter 25 Jahren (46,9%, 2007) und Ausländer (30,8%, 2007). Der Niedriglohnanteil in der Gesamtwirtschaft lag 2007 bei 19,6%.[120] Dennoch soll die Aussage von Claus Schäfer nicht unberücksichtigt bleiben: „Die Niedriglohnbezieher sind in der Regel eben *nicht* unqualifiziert, *nicht* jung bzw. Berufseinsteiger, *nicht* vorübergehend betroffen und auch *nicht* mit einfachen Tätigkeiten betraut – und werden *trotzdem* schlecht bezahlt."[121]

Mindestlöhne schaffen Niedriglöhne nicht zwangsläufig ab, aber sie haben einen erheblichen Einfluss auf die Struktur des Niedriglohnsektors.

---

[117] Vgl. Schäfer, 2007, S. 9
[118] Vgl. zum Folgenden, Steiner, 2007, S. 5
[119] Vgl. DGB, 2011
[120] Vgl. Kalina, Weinkopf, 2010
[121] Schäfer, 2007, S. 12 (Herv. im Original)

2.3.2 Mindestlohn

Wie in Kapitel 2.3.1 bereits beschrieben, stellt ein Lohn die Gegenleistung zu der Leistung *Arbeit* dar. In dem Wort *Mindestlohn* ist bereits die Bedeutung dieses Begriffes enthalten. Ein Mindestlohn ist ein Lohn für eine Arbeit, der eine zu definierende Entlohnungsgrenze nicht unterschreiten darf. In der Definition des Begriffes liegt aber nicht grundsätzlich eine Erklärung zu der Höhe der Lohnuntergrenze. Auch der quantitative Zusammenhang zwischen der Leistung *Arbeit* und der Gegenleistung *Mindestlohn* ist nicht per se festgelegt. Des Weiteren ist zu beachten, dass es verschiedene Formen der Ausgestaltung von Mindestlöhnen geben kann. Ein Mindestlohn kann entweder als Stundensatz oder als Monatslohn bei Vollzeitbeschäftigung festgelegt werden. Häufig ist, zum Beispiel bei Gegenüberstellungen oder in Debatten, ein Stundensatz angegeben, da so eine bessere Vergleichbarkeit möglich ist. Die verschiedenen Mindestlohnvarianten, die es in Deutschland gibt oder die für Deutschland denkbar wären, werden nachfolgend näher erläutert.

2.3.2.1 Tarifliche Mindestlöhne

In Deutschland „geht die Rechts- und Gesellschaftsordnung von der Privatautonomie aus."[122] Das bedeutet, dass Entlohnungen für Arbeit frei verhandelbar sind.[123] Durch Art. 9 Abs. 3 des Grundgesetzes ist die Bildung von Vereinigungen zur Wahrung und Förderung der Arbeits- und Wirtschaftbedingungen verfassungsrechtlich geschützt. Aushandlungen von Entlohnungen und weiterer Arbeitsbedingungen (z.B. Arbeitszeiten, Urlaub) sind nicht nur einzelnen Personen und Unternehmen erlaubt, sondern auch den sogenannten Tarifparteien. Diese sind auf der Arbeitnehmerseite die Gewerkschaften und auf der Arbeitgeberseite die Arbeitgeberverbände. In den Aushandlungen ihrer Tarifverträge haben sie Tarifautonomie. Das bedeutet, dass der Staat in der Regel nicht in die Vertragsverhandlungen und -abschlüsse, besonders in die das Arbeitsentgelt betreffenden, eingreifen darf.

---

[122] Caspers, 2011, S. 148
[123] Vgl. zum Folgenden Caspers, 2011, S. 148 f.

Mit dem Tarifvertragsgesetz (TVG)[124] wurde ein rechtlicher Rahmen für die Tarifparteien geschaffen. Die Gewerkschaften und Arbeitsgeberverbände sind nach Branchen zusammengeschlossen. Beispielhaft seien die Gewerkschaft Nahrung-Genuss-Gaststätten (NGG) und der Arbeitgeberverband Deutscher Hotel- und Gaststättenverband (DEHOGA) genannt. Die NGG richtet sich unter anderem an Arbeitnehmer aus den Bereichen Hotellerie, Gaststätten und Nahrungsmittelproduktion. Der DEHOGA ist vor allem für Arbeitgeber aus gastronomischen Betrieben und der Hotelbranche zuständig. Die Gewerkschaften und Arbeitgeberverbände sind in der Regel in verschiedene regionale Verbände oder auch in Unterverbände mit bestimmten Zustimmungsbereichen unterteilt. Dies soll bewirken, dass die jeweiligen Tarifpartner die Interessen ihrer Mitglieder optimal vertreten können. Zudem sollen sich beim Aushandeln von Tarifverträgen machtgleiche Partner gegenüber stehen.[125] Das soll verhindern, dass einzelne, potentiell schwächere Arbeitnehmer bei Vertragsverhandlungen mit stärkeren Arbeitgebern benachteiligt werden.

Die Bestimmungen eines Tarifvertrages sind zwingend gültig für die „Arbeitsverhältnisse(n), die unter den Geltungsbereich des jeweiligen Tarifvertrages fallen und in denen sowohl Arbeitgeber als auch Arbeitnehmer nach § 3 Abs. 1 TVG tarifgebunden sind."[126] Im Umkehrschluss bedeutet dies aber auch, dass Tarifverträge für Arbeitgeber oder Arbeitnehmer, die nicht Mitglied eines Arbeitgeberverbandes oder einer Gewerkschaft sind, nicht zwingend gelten bzw. anzuwenden sind. Dennoch werden die Bedingungen aus Tarifverträgen häufig für Vertragsverhandlungen und -abschlüsse, die diesen nicht unmittelbar unterliegen, als Basis genutzt. Läuft ein Tarifvertrag aus, gelten die Inhalte weiter, bis ein neuer Vertrag abgeschlossen wird (§ 4 Abs. 5 TVG). Zudem sind die Inhalte eines Tarifvertrages auch weiterhin bindend für die Parteien, wenn beispielsweise ein Arbeitgeber aus dem Arbeitgeberverband austritt, bis der Tarifvertrag endet (§ 3 Abs. 3 TVG). Die ausgehandelten Tariflohnuntergrenzen können als tarifliche Mindestlöhne verstanden werden. Sie können zwischen verschiedenen Branchen, aber auch innerhalb

---

[124] Tarifvertragsgesetz vom 25. 08.1969 (BGBl. I S. 1323) in der Fassung vom 8.12.2010 (BGBl. I S. 1864)

[125] Vgl. zum Folgenden, Franke, 2003, S. 51 ff.

[126] Franke, 2003, S. 52

einer Branche in verschiedenen Regionen stark variieren. Vor allem in Niedriglohnberufen oder -branchen können die tariflichen Mindestlöhne sehr gering sein.

2.3.2.2 Allgemeinverbindlicherklärung

Obwohl die Allgemeinverbindlicherklärung Teil des Tarifvertragsgesetzes ist (§ 5 TVG), soll sie hier gesondert betrachtet werden. Wie in Abschnitt 2.3.2.1 erläutert und im TVG festgehalten (§§ 3, 4 Abs. 1 TVG), sind Tarifverträge nur für Mitglieder der Tarifvertragsparteien verbindlich. Die Allgemeinverbindlicherklärung bietet dem Gesetzgeber eine Möglichkeit, die Inhalte des Tarifvertrages für alle in seinen Geltungsbereich fallenden Arbeitgeber und Arbeitnehmer für gültig zu erklären.[127] Sie sind somit allgemein verbindlich, unabhängig von der tariflichen Bindung, allerdings nur für den jeweiligen Geltungsbereich (§ 5 Abs. 4 TVG). Die Erklärung der Allgemeinverbindlichkeit kann durch das Bundesministerium für Arbeit und Soziales erfolgen. Hierfür muss zunächst ein Antrag von einer der beiden Tarifparteien gestellt werden. Eine der Voraussetzungen für das Zustandekommen einer Allgemeinverbindlichkeit ist, dass mindestens 50% der Arbeitgeberbetriebe tarifgebunden sind (§ 5 Abs. 1 Satz 1 Nr. 1 TVG). Eine weitere Voraussetzung ist, dass „die Allgemeinverbindlichkeit im öffentlichen Interesse geboten erscheint" (§ 5 Abs. 1 Satz 1 Nr. 2 TVG). Eine Ausnahme dieser beiden Voraussetzungen ist möglich, wenn durch eine Allgemeinverbindlicherklärung ein sozialer Notstand behoben werden soll (§ 5 Abs. 1 Satz 2 TVG). Die Erklärung einer Allgemeinverbindlichkeit ist grundsätzlich dem Tarifsystem nachgeordnet, da sie nur auf Antrag einer der beiden Parteien und nur durch die Mehrheit eines Ausschusses, in dem Arbeitgeber und Arbeitnehmer gleichstark vertreten sind, zustande kommen kann (§ 5 Abs. 1 Satz 1 TVG). Am 01. Januar 2012 waren in Deutschland 495 von 67.000 gültigen Tarifverträgen allgemeinverbindlich.[128] Dies entspricht ca. 0,7% aller Tarifverträge und hat damit keine große Bedeutung.

---

[127] Vgl. zum Folgenden Franke, 2003, S. 47 f.
[128] Vgl. BMAS, 2012

2.3.2.3 Gesetz über die Festsetzung von Mindestarbeitsbedingungen

Das Mindestarbeitsbedingungengesetz (MiArbG)[129] ist auch dem TVG nachgeordnet.[130] Grundsätzlich sind die Tarifvertragsparteien für die Ausgestaltungen der Arbeitsbedingungen zuständig (§ 1 Abs. 1 MiArbG). Das Bundesministerium für Arbeit und Soziales kann jedoch gemeinsam mit einem Fachausschuss Mindestarbeitsentgelte festsetzen (§ 4 MiArbG). Dies ist allerdings nur in Wirtschaftszweigen möglich, in denen die tarifgebundenen Arbeitgeber weniger als 50% der tarifgebundenen Arbeitnehmer beschäftigen (§ 1 Abs. 2 MiArbG). Das Gesetz kann also dort Anwendung finden, wo es keine Gewerkschaften oder Arbeitgeberverbände oder nur eine geringe Tarifbindung gibt.[131] Zudem kann es nur greifen, wenn keine Regelungen über Allgemeinverbindlicherklärungen bestehen. In Deutschland wurde seit Inkrafttreten des Mindestarbeitsbedingungengesetzes 1952 noch nie Gebrauch davon gemacht.

2.3.2.4 Arbeitnehmer-Entsendegesetz

Das Gesetz über zwingende Arbeitsbedingungen für grenzüberschreitend entsandte und für regelmäßig im Inland beschäftigte Arbeitnehmer und Arbeitnehmerinnen, kurz das Arbeitnehmer-Entsendegesetz (AEntG)[132] wurde 2009 in einer überarbeiteten Version verabschiedet. Ziel des Gesetzes ist neben der „Schaffung und Durchsetzung angemessener Mindestarbeitsbedingungen" für inländische und im Inland beschäftigte ausländische Arbeitnehmer, die „sozialversicherungspflichtige Beschäftigung" zu erhalten und „die Ordnungs- und Befriedungsfunktion der Tarifautonomie" zu wahren (§ 1 AEntG). Das Gesetz besagt, dass seine Inhalte auch für Arbeitnehmer im Inland gelten, deren Arbeitgeber im Ausland ansässig sind (§§ 2, 3 AEntG).

---

[129] Mindestarbeitsbedingungengesetz vom 11.01.1952 (BGBl. III, 802-2) in der Fassung vom 22.04.2009 (BGBl. I S. 818)

[130] Vgl. Franke, 2003, S. 45

[131] Vgl. zum Folgenden Franke, 2003, S. 45

[132] Arbeitnehmer-Entsendegesetz vom 20.04.2009 (BGBl. I S. 799) in der Fassung vom 20.12.2011 (BGBl. I S. 2854)

Dies wurde 1996 ursprünglich entwickelt, um ausländische Unternehmen daran zu hindern, Mitarbeiter im deutschen Bausektor erheblich geringer zu entlohnen als inländische Unternehmen.[133] Mit Hilfe dieses Gesetzes können Mindestlöhne durch das Bundesministerium für Arbeit und Soziales für gesamte Branchen oder Wirtschaftszweige festgelegt werden. Voraussetzung hierfür ist entweder die Allgemeinverbindlicherklärung eines Tarifvertrages oder eine zum Tarifvertrag erlassene Rechtsverordnung (§ 3 AEntG). Das bedeutet, dass nicht mehr zwingend die Zustimmung der Arbeitgeberverbände notwendig ist. Ein weiterer Grund, aus dem das Gesetz ursprünglich geschaffen wurde, war, dass die Mitarbeiter und Gewerkschaften einen Schutz durch Mindestlohn ihrer Mitarbeiter forderten, der ihnen durch das Veto-Recht der Arbeitgeberverbände bei der Allgemeinverbindlicherklärung nach § 5 TVG immer mehr verwehrt wurde.[134] Dennoch muss beachtet werden, dass die Festlegung eines Mindestlohnes für eine Branche im Sinne des Arbeitnehmer-Entsendegesetzes nur möglich ist, wenn ein gültiger Tarifvertrag vorliegt. Eine Ausnahme gilt lediglich für die Pflegebranche (Abschnitt 4 §§ 10-13 AEntG). Dort können Mindestbedingungen in einer Rechtsverordnung festgelegt werden, auch wenn es keinen gültigen Tarifvertrag gibt. Dafür ist der Vorschlag einer Kommission nötig (§§ 11 Abs. 1, 12 AEntG). Für welche Branchen das Arbeitnehmer-Entsendegesetz gilt, ist in § 4 AEntG festgehalten. Die Tabelle 2.2 gibt einen Überblick über die derzeit betroffenen Branchen und die 2012 gültigen Mindestlöhne.

---

[133] Vgl. Franke, 2003, S 49
[134] Vgl. zum Folgenden Schäfer, 2007, S. 16

Tabelle 2.2: Mindestlöhne in Deutschland am 1. Januar 2012

Mindestlöhne	Früheres Bundesgebiet und Land Berlin	Neue Länder ohne Berlin
	EUR/Std.	
Abfallwirtschaft	8,33	8,33
Bauhauptgewerbe		
Werker, Maschinenwerker	11,05	10,00
Fachwerker, Maschinisten, Kraftfahrer	13,40 Berlin: 13.25	10,00
Bergbauspezialarbeiten		
Werker, Hauer	11,53	11,53
Hauer, Facharbeiter mit Spezialkenntnissen	12,81	12,81
Dachdecker	11,00	11,00
Elektrohandwerk	9,80[1]	8,65[2]
Gebäudereinigung		
Innen- und Unterhaltungs reinigungsarbeiten	8,82	7,33
unter anderem Glas- und Fassadenreinigungsarbeiten	11,33	8,88
Maler und Lackierer		
ungelernte Arbeitnehmer	9,75	9,75
Gelernte Arbeiter, Gesellen	11,75	9,75
Pflegebranche	8,75	7,75
Sicherheitsdienstleistungen	6,53 bis 8,60[3]	6,53
Wäschereidienstleistungen im Objektkundengeschäft	7,80[1]	6,75[2]
Zeitarbeit	7,89	7,01

1 Ohne Berlin.
2 Einschließlich Berlin.
3 Bundesland spezifische Regelungen. Mindestlohn in Euro je Stunde: Baden-Württemberg: 8,60; Bayern: 8,14; Nordrhein-Westfalen; 7,95; Hessen: 7,50; Niedersachsen: 7,26; Bremen: 7,16; Hamburg: 7,12; Rheinland-Pfalz, Saarland, Schleswig-Holstein: 6,53

Quelle: Statistisches Bundesamt, 2012

Es wird deutlich, dass das Gesetz seit seiner ersten Verabschiedung 1996 überarbeitet und weiterentwickelt wurde und dass weitere Branchen aufgenommen wurden. Die Auswirkungen bleiben jedoch auf die genannten Branchen beschränkt. Zudem darf auch hier nicht außer Acht gelassen werden, dass die festgelegten Mindestlöhne zum Teil stark, nämlich von 6,53 € bis 13,40 € pro Stunde, variieren.

2.3.2.5 Gesetzlicher Mindestlohn

Der gesetzliche Mindestlohn wird vom Staat festgelegt. Ein solcher Lohn ist flächendeckend für Mitarbeiter aller Branchen in einem gesamten Land gültig. Das bedeutet, dass für jeden Beruf, mit Ausnahme einiger Sonderberufsformen wie zum Beispiel Auszubildende, Praktikanten und Wehrpflichtige[135], mindestens der vom Staat definierte Lohn gezahlt werden muss. In Deutschland gibt es solch einen gesetzlichen Mindestlohn nicht. Dies ist unter anderem durch die im Grundrecht geschützte Tarifautonomie begründet.[136] In 20 der 27 EU-Länder wurde bis 2011 ein branchenübergreifender gesetzlicher Mindestlohn eingeführt.[137] Die Tabelle 2.3 zeigt eine Übersicht der gesetzlichen Mindestlöhne 2011 pro Stunde in den betroffenen EU-Ländern.

---

[135] Ehrentraut u.a., 2011, S. 11
[136] Vgl. Franke, 2003, S. 24
[137] Vgl. Statistisches Bundesamt 2011 a

Tabelle 2.3: Gesetzlicher Mindestlohn (Stundensatz) in der EU

EU-Land	Gesetzlicher Mindestlohn pro Stunde, in Euro Stand März 2011	Jahr der erstmaligen Einführung
Luxemburg	10,16	1997
Frankreich	9,00	1989
Niederlande	8,74	1990
Belgien	8,58	1989
Irland	7,65	2000
Großbritannien	6,91	1999
Slowenien	4,32	1997
Griechenland	4,28	1994
Spanien	3,89	1990
Malta	3,84	1990
Portugal	2,92	1990
Polen	1,85	1990
Tschechien	1,82	1991
Slowakei	1,82	1991
Estland	1,73	1992
Lettland	1,68	1992
Ungarn	1,61	1992
Litauen	1,40	1994
Rumänien	0,93	1999
Bulgarien	0,71	1990

Quelle: Eigene Darstellung, in Anlehnung an Schulten, 2011 a

Hier ist besonders auffällig, dass Frankreich als Nachbarland Deutschlands und eines der wirtschaftlich stärksten Länder der EU bereits 1989 einen gesetzlichen Mindestlohn eingeführt hat.

Auf das Heimarbeitsgesetz wird hier nicht weiter eingegangen, da es nur in Heimarbeit Beschäftigte betrifft. Weiterführend sei zu diesem Thema auf den Gesetzestext und Franke, Alexandra, Lohnwucher – auch ein arbeitsrechtliches Problem, 2003, Berlin, S. 46 f. verwiesen.

2.4 Entwicklungen in der deutschen Hotelbranche

Da die vorliegende Arbeit sich mit der Bedeutung der Einführung von Mindestlöhnen für die Hotelbranche in Deutschland beschäftigt, sollen die nachfolgenden Kapitel einen besseren Überblick über die Branche geben. Es soll gezeigt werden, wo die Besonderheiten in der Hotellerie liegen und was die Branche, besonders im Hinblick auf Löhne und Tarifstrukturen, von anderen unterscheidet.

2.4.1 Erläuterungen zur Hotelbranche im Allgemeinen

Die Hotelbranche ist im Dienstleistungssektor einzuordnen. Obwohl der Dienstleistungsbereich sehr heterogen ist, weist er einige grundsätzliche Eigenschaften auf, die hier kurz dargestellt werden.
Eine der Besonderheiten bei Dienstleistungen ist, dass im Gegensatz zum produzierenden Gewerbe keine physischen Produkte hergestellt werden.[138] Dies impliziert, dass die Produktivität eines Beschäftigten, welche ein wesentlicher Parameter in dem in Abschnitt 2.2.1 beschriebenen Modell ist, schwer oder gar nicht messbar ist.
Dienstleistungen sind grundsätzlich immateriell.[139] Dies bedeutet allerdings nicht, dass keine materiellen Objekte in den Dienstleistungsprozess einfließen

---

[138] Vgl. Meyer, Meyer (1993), S. 176, 178
[139] Vgl. zum Folgenden Haller, 2005, S. 7

können, zum Beispiel Hotelzimmer oder Speisen. Die zweite Besonderheit ist, dass die „*Integration eines externen Faktors* im Rahmen der Erstellung von Dienstleistungen"[140] notwendig ist. Der externe Faktor ist entweder der Kunde/Dienstleistungsnachfrager oder ein Objekt von eben diesem.[141] Der Erstellungsprozess einer Dienstleistung wird somit maßgeblich vom Dienstleistungsanbieter und vom -nachfrager beeinflusst. Aufgrund der Immaterialität von Dienstleistungen können diese nicht vorproduziert und gelagert werden, sie entstehen direkt nach dem sogenannten *Uno-actu-Prinzip*.[142] Das bedeutet, dass die Leistungserstellung und die Leistungsabgabe bzw. -übertragung identisch sind. Das bedeutet außerdem, dass Dienstleistungen in der Regel nur schwer oder gar nicht umtauschbar, ersetzbar, korrigierbar oder teilbar sind.

Ein weiteres sehr wichtiges Merkmal von Dienstleistungen ist, dass sie im Normalfall nicht transportierbar im üblichen Sinne (wie Produktionsgüter) und somit an einen Standort (z.B. Hotel), ein Objekt (z.B. Fahrzeug des öffentlichen Nahverkehrs) oder eine Person (z.B. mobiler Frisör) gebunden sind. Die Verlagerung eines Hotels ins Ausland ist also nicht möglich. Die Unternehmer sind an das Objekt, den Standort und damit an die dort herrschenden Voraussetzungen gebunden. In der Diskussion um Mindestlöhne ist jedoch die mögliche Verlagerung eines Unternehmens ins Ausland ein entscheidender Aspekt, auf den in Abschnitt 3 weiter eingegangen wird.

Den Mitarbeitern kommt im Dienstleistungsbereich eine wesentliche Rolle zu, da sie direkt am Leistungserstellungsprozess beteiligt sind und somit erheblichen Einfluss auf die Qualität der Dienstleistung bzw. des Dienstleistungsprozesses haben. „Im Dienstleistungsbereich stellen die Mitarbeiter eines Unternehmens *die* zentrale Ressource dar."[143]
In der Hotelbranche sind Personen in verschiedenen Tätigkeitsgruppen beschäftigt. Hierzu zählen unter anderem Mitarbeiter in den Bereichen

---

[140]   Meyer, Meyer (1993), S. 176 (Herv. im Original fett gedruckt)
[141]   Vgl. zum Folgenden Meyer, Meyer (1993), S. 183 f.
[142]   Vgl. zum Folgenden Meyer, Meyer (1993), S. 180, 185, 189 und Haller, 2005, S. 7 ff.
[143]   Haller, 2005, S. 259 (Herv. im Original fett gedruckt)

Housekeeping, Restaurant/Bankett, Küche, Rezeption und Verwaltung. Obwohl dies nicht generell für alle Berufsgruppen in der Hotelbranche gilt, kann man zusammenfassend sagen, dass die Tätigkeiten überwiegend körperlich belastend sind, dass es keine regelmäßigen Arbeitszeiten gibt und auch am Wochenende und in der Nacht gearbeitet wird. Aufgrund von saisonalen und anderen Einflüssen kann es zu unterschiedlich starkem Arbeitsanfall und dementsprechender Arbeitsbelastung kommen. Es ist nicht unüblich, dass lange Schichten gearbeitet und viele Überstunden gemacht werden.

2.4.2 Überblick über die deutsche Hotelbranche

Das deutsche Beherbergungsgewerbe umfasste 2009 insgesamt 44.922 Unternehmen.[144] Da hierzu unter anderem auch Campingplätze und Jugendherbergen zählen, soll die Hotelbranche hier enger gefasst werden. Zur Hotelbranche gehören Hotels, Hotels garnis, Gasthöfe und Pensionen.[145] Hierzu zählten 2009 37.155 Betriebe. Die Umsätze in der Hotelbranche sind 2010, nachdem es im Jahr 2009 Umsatzeinbußen gab, wieder auf ca. 17,2 Mrd. € gestiegen.[146] Die durchschnittliche Auslastung, also die Nutzung der angebotenen Schlafgelegenheiten (Bettenkapazitäten), lag im Jahr 2010 bei 37,1%.[147] Zwischen 1992 und 2010 lag die Auslastung zwischen 32,2% (1997) und 38,9% (1992), es besteht also eine gewisse Konstanz.

Obwohl die Gesamtzahl der geöffneten Betriebe von 1992 bis 2010 von 37.102 auf 35.943 gesunken ist, lässt sich ein klarer Trend zur Ausweitung der Hotels innerhalb der gesamten Hotelbranche erkennen.[148] Die Zahl der geöffneten Hotelbetriebe (ohne Gasthöfe und Pensionen) stieg von 10.940 (1992) auf 13.487 (2010). Damit stieg die Zahl der dort angebotenen Schlafgelegenheiten von 678.205 (1992) auf 1.053.614 (2010), was einem Anstieg

---

[144] Vgl. zum Folgenden Statistisches Bundesamt, 2011 b, S. 13
[145] Ein Hotel garni ist ein Hotel, in dem es üblicherweise kein Restaurant gibt und nur Frühstück angeboten wird. Ein Gasthof ist i.d.R. ein ländlicher Hotelbetrieb. Eine Pension bietet in Abgrenzung zu regulären Hotels meist nur eingeschränkte Dienstleistungen an. Vgl. DEHOGA, 2012 b
[146] Vgl. DEHOGA, 2012 a, in Anlehnung an das Statistische Bundesamt
[147] Vgl. zum Folgenden Statistisches Bundesamt, 2011 c, S. 91
[148] Trotz der nicht ganz eindeutigen Begrifflichkeiten, wird die Hotelbranche bzw. Hotellerie in diesem Text nicht mit dem Betrieb *Hotel* gleich gesetzt.

von ca. 55% entspricht.[149] Der Anteil der anderen Betriebsformen wird damit geringer und unbedeutender für die gesamte Hotelbranche. Mit diesem Wechsel geht auch ein Trend zu größeren Betrieben einher.[150]

Auch wenn die Auslastung relativ konstant ist, lässt eine Steigerung der Bettenkapazität in der gesamten Branche um ca. 33% (von 1.292.921 auf 1.721.729) in 18 Jahren Zweifel daran zu, ob die Profitmöglichkeiten für Unternehmen wirklich so schlecht sind, wie es in der öffentlichen Diskussion um die Herabsetzung der Mehrwertsteuer für Übernachtungen von 19% auf 7% erschien. Im Allgemeinen werden im Kapitalismus Investitionen nur in Bereichen getätigt, in denen die Aussichten auf Gewinn positiv sind.

Am 31. März 2011 waren laut einer Quelle der Bundesagentur für Arbeit 249.674 sozialversicherungspflichtig Beschäftigte in der Hotelbranche tätig.[151] Im gesamten Gastgewerbe waren 2011 77.098 Auszubildende angestellt, allerdings ist bei Ausbildungsberufen wie Koch oder Restaurantfachmann nicht eindeutig zuzuordnen, ob sie in der Hotellerie oder in rein gastronomischen Betrieben ausgeübt werden.[152] Es ist aber deutlich erkennbar, dass die Auszubildendenzahlen in allen gastgewerblichen Berufen im Vergleich zu 2010 (86.887) um ca. 11% abgenommen haben. Insgesamt sank die Zahl aller Auszubildenden in Deutschland von 877.170 (2010) auf 854.717 (2010), dies entspricht einer Verringerung von ca. 3,5%. Zu erwähnen ist noch, dass mehr als die Hälfte aller Auszubildenden im Gastgewerbe 2011 weiblich waren (40.093). Über alle Berufsgruppen betrachtet waren nur knapp 39% der Auszubildenden weiblich. Der Ausbildungsberuf *Hotelfachfrau* ist nach wie vor einer der beliebtesten bei weiblichen Auszubildenden in Deutschland.[153]

Ein großes Problem der Branche ist die hohe Fluktuation, die durch die beschriebenen Arbeitsbedingungen, zum Teil geringe Entlohnungen und damit verbundene Schwierigkeiten, Fachkräfte zu halten, verursacht wird.

---

[149] Vgl. Statistisches Bundesamt, 2011 c, S. 92
[150] Vgl. Statistisches Bundesamt, 2011 c, S. 93
[151] Vgl. DEHOGA, 2011, in Anlehnung an die Bundesagentur für Arbeit, S. 4
[152] Vgl. zum Folgenden DIHK, o.J., S. 9 ff.
[153] Vgl. zum Folgenden Vanselow, 2007, S. 219 f.

2.4.3 Löhne, Lohnentwicklung und Arbeitskosten in der deutschen Hotelbranche

Das deutsche Hotel- und Gaststättengewerbe ist in 18 Tarifgebiete unterteilt.[154] Diese entsprechen den Bundesländern und den Tarifgebieten *Weser-Ems* und *Ostfriesische Nordseeinseln.* Es gibt verschiedene Bewertungsgruppen, in die die Mitarbeiter je nach Ausbildungs- und Wissensstand sowie weiteren beruflichen Merkmalen eingeteilt werden. Die Bewertungsgruppen, ihre Ausprägungen und Abstufungen sind nicht für alle Tarifgebiete einheitlich. Die Bewertungsgruppe 5.1 (BW 5.1) wurde in den vorliegenden Übersichten von der NGG für alle Tarifgebiete als *Commis*[155] *gleich nach der Gesellenprüfung* vereinheitlicht und dient somit einer besseren Vergleichbarkeit. Die Mitarbeiter in niedrigeren Bewertungsgruppen sind demnach geringer qualifiziert, was nicht zwangsläufig bedeutet, dass keine abgeschlossene Ausbildung vorliegt. In die höheren Bewertungsgruppen werden besser qualifizierte Mitarbeiter eingeordnet, zum Beispiel Führungskräfte. Die detaillierten Grundlagen der einzelnen Bewertungsgruppen sind in den Tarifverträgen der jeweiligen Tarifgebiete einzusehen.

Die Tabelle 2.4 gibt einen Überblick über die durchschnittlichen Tarifentgelte 2011 sowie die geringsten und höchsten Löhne in ausgewählten Bewertungsgruppen. Aufgrund der zum Teil sehr hohen Lohnunterschiede auch in dieser Branche wird nach Westdeutschland (einschließlich Berlin) und Ostdeutschland (ohne Berlin) unterschieden. Die Berechnung der aufgeführten Stundenlöhne erfolgte auf Basis der in den Tarifübersichten der NGG angegebenen jeweiligen monatlichen Arbeitsstunden.

---

[154] Vgl. zum Folgenden NGG (2011): Tarifübersicht Hotel- und Gaststättengewerbe. Bundesländer West + Berlin, Anhang II und NGG (2011): Tarifübersicht Hotel- und Gaststättengewerbe. Bundesländer Ost + Berlin, Anhang III

[155] Ein Commis ist eine Fachkraft, die eine Ausbildung abgeschlossen und somit erweiterte Fachkenntnisse erworben hat. Dies kann beispielsweise ein Commis de cuisine (Koch) oder ein Commis de rang (Kellner) sein.

Tabelle 2.4: Ausgewählte Tariflöhne im deutschen Hotel- und Gaststättengewerbe

	Westdeutschland (alte Bundesländer einschließlich Berlin)		Ostdeutschland (neue Bundesländer ohne Berlin)	
Durchschnitt Monatslohn, BW 5.1	1.582,42 €		1.348,30 €	
Durchschnitt Stundenlohn (bei 173 Arbeitsstd.), BW 5.1	9,15 €		7,79 €	
Geringster Lohn, BW 5.1	1.434 €/ Monat	8,49 €/ Std	1.164 €/ Monat	6,73 €/ Std
	Schleswig-Holstein		Mecklenburg-Vorpommern	
Höchster Lohn, BW 5.1	1.826 €/ Monat	10,78 €/ Std	1.417,50 €/ Monat	8,17 €/ Std
	Hessen		Sachsen	
Geringster Lohn, unterste Bewertungsgruppe	1.142 €/ Monat	6,76 €/ Std	1.071 €/ Monat	6,19 €/ Std
	Nordrhein-Westfalen		Mecklenburg-Vorpommern	
Höchster Lohn, unterste Bewertungsgruppe	1.538 €/ Monat	9,10 €/ Std (Pagen: 8,30 €/ Std)	1.199 €/ Monat	6,93 €/ Std
	Baden-Württemberg		Thüringen	

Quelle: Eigene Darstellung in Anlehnung an NGG (2011): Tarifübersicht Hotel- und Gaststättengewerbe. Bundesländer West + Berlin, Anhang II und NGG (2011): Tarifübersicht Hotel- und Gaststättengewerbe. Bundesländer Ost + Berlin, Anhang III

Betrachtet man zunächst die tariflichen Löhne in der Bewertungsgruppe 5.1, fällt auf, dass der Durchschnitt des Monatslohnes dieser Bewertungsgruppe in Westdeutschland höher liegt als der Durchschnitt in Ostdeutschland.[156] Auch in allen anderen Bewertungsgruppen liegt der durchschnittliche Lohn in Ostdeutschland unter dem in Westdeutschland. Die Übersichten zeigen eindeutig, dass die tariflichen Löhne in Ostdeutschland geringer sind als in Westdeutschland. Obwohl diese Tatsache fast 22 Jahre nach der deutschen Wiedervereinigung in beinahe allen Branchen zu beobachten war (siehe beispielsweise Tabelle 2.2), soll an dieser Stelle betont werden, dass alle der in Tabelle 2.4 angegebenen Stundenlöhne in Ostdeutschland unterhalb des von der Gewerkschaft geforderten Mindestlohnes von 8,50 € pro Stunde liegen.

Eine Veröffentlichung des Wirtschafts- und Sozialwissenschaftlichen Instituts der Heinrich-Böckler-Stiftung (WSI) vom September 2011 ergab, dass 20 der 165 derzeitigen Entgelttarifgruppen im Hotel- und Gaststättengewerbe unterhalb von 7,50 € Stundenlohn lagen und weitere 31 Gruppen zwischen 7,50 und 8,50 € Stundenlohn.[157] 62,1% der Beschäftigten im Gastgewerbe (Beherbergung und Gastronomie) erhielten 2006 Niedriglöhne.[158] Somit beziehen sie häufiger als Beschäftigte in den meisten anderen Branchen Niedriglöhne.

Die durchschnittlichen monatlichen Tarifverdienste der Arbeitnehmer in Deutschland stiegen von 2005 bis 2010 um 11%.[159] Die Verbraucherpreise stiegen in diesem Zeitraum um 8,2%. Für Arbeitnehmer im Gastgewerbe sind die durchschnittlichen monatlichen Tarifverdienste im genannten Zeitraum nur um 7,5% gestiegen. Die Steigerung lag damit unter dem Anstieg der Verbraucherpreise, was einem Reallohnrückgang von 0,7% (von 2005 bis

---

[156] Vgl. zum Folgenden NGG (2011): Tarifübersicht Hotel- und Gaststättengewerbe. Bundesländer West + Berlin, Anhang II und NGG (2011): Tarifübersicht Hotel- und Gaststättengewerbe. Bundesländer Ost + Berlin, Anhang III
[157] Vgl. WSI, 2011 a
[158] Vgl. Bick, 2011, S. 124 f.
[159] Vgl. zum Folgenden Bick, 2011, S. 117

2010) entspricht. Der durchschnittliche[160] Bruttomonatsverdienst eines Arbeitnehmers im Bereich *Beherbergung* lag 2009 bei 1.912 €.[161] Aus der Verdienststrukturerhebung 2006 ergab sich, dass ca. 63% aller Arbeitnehmer weniger verdienten als den gesamtwirtschaftlichen Bruttoverdienst. Das bedeutet, dass ca. 37% der Arbeitnehmer einen zum Teil wesentlich höheren Lohn gehabt haben müssen, damit sich ein solcher Durchschnittswert ergibt. Man kann davon ausgehen, dass die Verteilung in der Hotelbranche bzw. dem Bereich *Beherbergung* ähnlich ist.

Für die Arbeitgeber ist grundsätzlich die Höhe der Arbeitskosten wichtig.[162] Diese setzen sich aus den Bruttoverdiensten, die den größten Teil der Arbeitskosten ausmachen, und den Lohnnebenkosten zusammen. Die Definition der Lohnnebenkosten soll hier derjenigen des Statistischen Bundesamtes und der Internationalen Arbeitsorganisation (ILO) folgen. Dementsprechend sind die Lohnnebenkosten *indirekte Arbeitskosten*, die dem Arbeitnehmer, im Gegensatz zum Bruttoverdienst, nicht direkt gezahlt werden. Es gibt gesetzlich festgelegte Lohnnebenkosten, wie die Beiträge zur Kranken-, Renten-, Arbeitslosen- und Pflegeversicherung sowie die Entgeltfortzahlung im Krankheitsfall und im Mutterschutz und die gesetzliche Unfallversicherung. Weiterhin gibt es freiwillige Lohnnebenkosten, wie Aufwendungen für betriebliche Altersversorgung, Kosten für berufliche Aus- und Weiterbildung, etc. Die gesetzlichen Lohnnebenkosten lagen 2008, über alle Wirtschaftsbereiche betrachtet, bei ca. 23% des Bruttoverdienstes, die nicht gesetzlich geregelten bei ca. 6% des Bruttoverdienstes. 2009 lagen die geschätzten Arbeitskosten je geleistete Stunde im Gastgewerbe bei 16,10 €.[163]
In keinem anderen der aufgeführten Wirtschaftsbereiche waren die Arbeitskosten pro Stunde so gering. Durchschnittlich kostete 2009 eine geleistete Arbeitsstunde 30,90 € in der Privatwirtschaft. Im EU-weiten Vergleich lag Deutschland damit auf dem achten Platz.

---

[160] Der durchschnittliche Wert entspricht dem arithmetischen Mittel. Zur Ermittlung des arithmetischen Mittels werden alle betroffenen Werte der Variablen zusammengezählt und durch die Anzahl der Variablen geteilt.
[161] Vgl. zum Folgenden Bick, 2011, S. 121 f.
[162] Vgl. zum Folgenden Bick, 2011, S. 127
[163] Vgl. zum Folgenden Statistisches Bundesamt, 2010

2.4.4 Tarifstrukturen und -bindungen in der deutschen Hotelbranche

Obwohl die Inhalte aus Tarifverträgen teilweise von nicht tarifgebundenen Arbeitgebern bei der Erstellung von Arbeitsverträgen übernommen werden, ist zu berücksichtigen, dass hierzu keine Verpflichtung besteht. Daher ist eine Untersuchung der Tarifstrukturen und -bindungen in der Branche wichtig.

Die NGG gibt auf ihrer Internetseite an, dass zum 31. Dezember 2011 205.637 Mitglieder organisiert waren.[164] Davon waren 78,6% erwerbstätig. Es gibt keine Informationen darüber, aus welchen Branchen sich die Mitglieder zusammensetzen. Da die NGG neben dem Hotel- und Gaststättengewerbe aber auch für Arbeitnehmer aus diversen anderen Branchen zuständig ist, kann man davon ausgehen, dass die Tarifbindung der Arbeitnehmer in der Hotelbranche eher gering ist. Diese Annahme wird auch durch eine Veröffentlichung des WSI-Tarifarchivs der Hans-Böckler-Stiftung zur Tarifpolitik 2012 gestützt.[165] Dort ist die Tarifbindung der Beschäftigten im Gastgewerbe und in sonstigen Dienstleistungen mit 43% für Gesamtdeutschland 2010 angegeben, während die Tarifbindung insgesamt über alle Branchen bei 52% lag. In Ostdeutschland lag die Tarifbindung der Beschäftigten 2010 im Gastgewerbe und in sonstigen Dienstleistungen sogar nur bei 25% (37% über alle Branchen), in Westdeutschland bei 48% (56% über alle Branchen). Nur 15% der Beschäftigten im Gastgewerbe und in sonstigen Dienstleistungen waren 2010 in einem Unternehmen mit Betriebsrat beschäftigt. Achim Vanselow gibt zahlreiche Gründe für den geringen Organisationsgrad an: schwer zu organisierende Beschäftigungsgruppen (Teilzeitkräfte, Migranten, Frauen, junge Arbeitnehmer), viele Kleinbetriebe, Personalabbau in Ostdeutschland, geringe Betriebsratstätigkeiten aufgrund hoher Fluktuationszahlen, ferner der Wunsch gering entlohnter Arbeitnehmer, keine Gewerkschaftsbeiträge zahlen zu müssen.[166] Die NGG war, im Gegensatz zu anderen Gewerkschaften mit hohen Mitgliederzahlen und großem Einfluss, nie sehr stark und konnte

---

[164]   Vgl. zum Folgenden NGG, o.J.
[165]   Vgl. zum Folgenden WSI, 2012
[166]   Vgl. Vanselow, 2007, S. 223

Niedriglöhne nie nachhaltig bekämpfen.[167] Dies ist einer der Gründe, warum die NGG gemeinsam mit der Gewerkschaft ver.di (Vereinte Dienstleistungs-gewerkschaft) 2006 die *Initiative Mindestlohn* startete, bei der zunächst ein gesetzlicher Mindestlohn von 7,50 € pro Stunde gefordert wurde.[168]

Die Tarifbindung der Betriebe in der Hotelbranche kann ebenfalls als niedrig angesehen werden.[169] So betrug der Anteil der tarifgebundenen Betriebe im Gastgewerbe und sonstigen Dienstleistungen 2010 28%, im Durchschnitt aller Branchen lag er bei 30%. Der Anteil der tarifgebundenen ostdeutschen Betriebe im Gastgewerbe und sonstigen Dienstleistungen lag bei 12% (17% über alle Branchen), der der westdeutschen bei 32% (34% über alle Bran-chen). Nur in 4% der Betriebe im Gastgewerbe und in sonstigen Dienstlei-stungen gab es 2010 einen Betriebsrat.

Eine Besonderheit des deutschen Tarifsystems stellen die sogenannten OT-Mitgliedschaften der Arbeitgeber dar. OT bedeutet ohne Tarifbindung. Ein Arbeitgeber kann Mitglied in einem Arbeitgeberverband sein und ist nicht verpflichtet, sich an die Vereinbarungen der gültigen Tarifverträge zu halten. „Der Verband (DEHOGA, Anm. des Verf.) begründet diesen Schritt (Einfüh-rung der OT-Mitgliedschaften, Anm. des Verf.) mit der abnehmenden Bin-dungskraft (Tarifflucht), den gravierenden Unterschieden bei der Ertragskraft von Klein- und Großbetrieben und somit der Fähigkeit, die tariflichen Rege-lungen auch finanzieren zu können, sowie mit der Verbandsabstinenz neuer Betriebe."[170] Diese Regelung ist nicht nur auf die Hotel- und Gaststättenbe-triebe beschränkt. Eine grundsätzliche Anerkennung der Zulässigkeit von OT-Mitgliedschaften erfolgte 2006 durch das Bundesarbeitsgericht.[171] 2010 wurde dies durch das Bundesverfassungsgericht bestätigt, indem eine Verfas-sungsbeschwerde nicht angenommen wurde.[172]

---

[167] Vgl. Vanselow, 2007, S. 222
[168] Vgl. Initiative Mindestlohn, o.J.
[169] Vgl. zum Folgenden WSI, 2012
[170] Vanselow, 2007, S. 223
[171] 1 ABR 36/05, AP TVG § 2 Tarifzuständigkeit Nr. 19
[172] BVerfG, Beschluss vom 01.12.2010, 1 BvR 2593/09

Der DEHOGA gibt auf seiner Homepage an, dass eine OT-Mitgliedschaft in den Landesverbänden Bayern, Berlin, Brandenburg, Hessen, Sachsen, Sachsen-Anhalt, Mecklenburg-Vorpommern, Thüringen und Hamburg möglich ist.[173] Im gleichen Abschnitt wird jedoch darauf hingewiesen, dass der Großteil der Mitglieder sich für eine reguläre Mitgliedschaft entscheiden würde. Zahlen werden hierzu aber nicht angegeben. Bereits das Angebot der OT-Mitgliedschaft lässt jedoch darauf schließen, dass eine Bindung an tarifvertraglich ausgehandelte Bedingungen als nicht vordringlich erachtet wird.

Es stellt sich die Frage, ob die deutsche Tarifautonomie vor dem Hintergrund eines solchen Konstrukts tatsächlich eines der wichtigsten Instrumente zur Festlegung von Löhnen ist. Zu diesem Thema folgen in Abschnitt 3 weitere Überlegungen.

2.4.5 Vergleich mit anderen Branchen in Deutschland

Um die Bedingungen in der Hotelbranche besser nachvollziehen zu können, soll ein Vergleich mit zwei Branchen erfolgen, in denen andere Grundvoraussetzungen bestehen. Exemplarisch seien hierfür die Gebäudereinigung, in der durch das AEntG ein branchenspezifischer Mindestlohn geschaffen wurde, und die Metallindustrie, für die starke Tarifparteien zuständig sind, genannt.

Wie in Tabelle 2.2 dargestellt gelten für die Gebäudereiniger nach dem AEntG erlassene branchenspezifische, deutschlandweite gültige Mindestlöhne. Beispielhaft seien hier die Mindestlöhne für die Gebäudereiniger für *Innen- und Unterhaltungsarbeiten* aufgeführt. Der 2012 geltende Mindestlohn für die Mitarbeiter dieser Branche lag bei 8,82 € pro Stunde in Westdeutschland (einschließlich Berlin) und 7,33 € pro Stunde in Ostdeutschland (ohne Berlin). Das Gebäudereinigerhandwerk wurde mit der am 01. Juli 2007 in Kraft getretenen Änderung in das AEntG aufgenommen.[174] Mit der *Verordnung über zwingende Arbeitsbedingungen im Gebäudereinigerhandwerk vom 27. Februar 2008* traten die Regelungen in Kraft. Als Grund für die

---

[173] Vgl. zum Folgenden DEHOGA, 2012 c
[174] Vgl. zum Folgenden Waas, 2010, S. 133 f.

Aufnahme in das AEntG gilt die weitgehende Vergleichbarkeit mit der Baubranche. Aufgrund von häufig wechselnden Einsatzorten seien die Mitarbeiter besonders schutzbedürftig. Des Weiteren seien beide Branchen besonders lohnkostenintensiv, weshalb es zu starkem Wettbewerb mit Anbietern aus Ländern mit geringeren Lohnniveaus käme. Zudem waren die Aufnahmen in das AEntG bei beiden Branchen aufgrund von bundeseinheitlichen Tarifstrukturen und der Einigkeit der Tarifparteien über die Aufnahme gegeben. Auffällig ist die bereits in Abschnitt 2.4.3 erwähnte Unterscheidung nach Ost- und Westdeutschland. Der Mindestlohn der Gebäudereiniger für *Innen- und Unterhaltsreinigung* lag in Ostdeutschland mit 7,33 € pro Stunde ebenfalls unterhalb des von den Gewerkschaften geforderten Mindestlohnes von 8,50 € pro Stunde.

Für die Metallindustrie ist die Industrie-Gewerkschaft Metall (IG Metall) zuständig. Die Metallindustrie zählt zum verarbeitenden Gewerbe. Darin waren 2009 53% der Beschäftigten in Gesamtdeutschland (58% in West-, 25% in Ostdeutschland) tarifgebunden.[175] Damit lag die Tarifbindung der Beschäftigten im verarbeitenden Gewerbe in Gesamtdeutschland und in Westdeutschland über der durchschnittlichen Tarifbindung aller Branchen. Lediglich die Tarifbindung in Ostdeutschland war geringer. Nimmt man in den Vergleich noch die Tarifbindung der Beschäftigten für Haus- und Firmentarifverträge auf, lag sie für das verarbeitende Gewerbe noch höher.
Die IG Metall hatte im Januar 2012 nach eigenen Angaben ca. 2,245 Millionen Mitglieder.[176] Mit ca. 200.000 Mitgliedern unter 27 Jahren hat die IG Metall den größten politischen Jugendverband Deutschlands.[177] Obwohl tendenziell von einer rückläufigen Tarifbindung der Beschäftigten in allen Branchen in Deutschland zu sprechen ist[178], gehört die IG Metall zu den starken Gewerkschaften. Beispielhaft für die Metallindustrie seien die Tarifgehälter für Zerspanungsmechaniker, die eine fachliche Ausbildung abgeschlossen haben, genannt, da ihre Ausbildung besser mit Ausbildungsgängen

---

[175] Vgl. zum Folgenden WSI, 2012
[176] Vgl. IG Metall, 2012
[177] Vgl. IG Metall, o.J.
[178] Vgl. WSI, 2012

der Hotelbranche vergleichbar ist als beispielsweise der Werdegang eines Ingenieurs. Die tarifliche Grundvergütung eines Zerspanungsmechanikers lag bei 2.600 € in Baden-Württemberg bei 35 Arbeitsstunden pro Woche.[179] Das entsprach knapp 152 Arbeitsstunden pro Monat und einem durchschnittlichen Stundenlohn von ca. 17,10 €. In Sachsen betrug die tarifliche Grundvergütung eines Zerspanungsmechanikers 2.307 € bei 38 Arbeitsstunden pro Woche und entsprach damit einer monatlichen Arbeitszeit von knapp 165 Stunden und einem durchschnittlichen Stundenlohn von ca. 13,98 €.

Für einen genaueren Vergleich müssten verschiedene Aspekte, wie zum Beispiel die Arbeitsbedingungen in den jeweiligen Branchen, untersucht werden. Hier sollte lediglich gezeigt werden, dass die Vergütung bei anderen Grundvoraussetzungen, wie einem über das AEntG erlassenen Mindestlohn oder bei Existenz einer starken Gewerkschaft, zum Teil höher ausfällt.

---

[179] Vgl. zum Folgenden WSI, 2011 b

3 Praktische Bedeutung von Mindestlöhnen in Deutschland

3.1 Politische Debatte um die Einführung eines Mindestlohnes

Auf dem Parteitag der CDU am 14. und 15. November 2011 wurde mit einer großen Mehrheit die Festlegung einer Lohnuntergrenze für Deutschland beschlossen.[180] In den Bereichen, in denen es keine tariflichen Löhne gibt, sollten durch eine Kommission Untergrenzen für Löhne festgelegt werden. Diese Kommission sollte nicht durch die Politik entstehen, sondern mit Vertretern der Tarifpartner besetzt sein. Die Orientierung der Kommission sollte an den bereits durch das AEntG bestehenden branchenspezifischen Mindestlöhnen erfolgen. In allen anderen Bereichen sollten weiterhin die tarifvertraglich ausgehandelten Lohnuntergrenzen gelten.

Man könnte daher davon ausgehen, dass auch in Deutschland die Einführung eines gesetzlichen Mindestlohnes zu erwarten und jegliche weitere Diskussion darüber überflüssig sei. Doch dies war bisher nicht der Fall. Die CDU hat den Begriff *Mindestlohn* in ihrem Beschluss nicht verwandt.[181] Dieser sei sehr ungenau und lasse viel Deutungsspielraum zu schreibt die Süddeutsche Zeitung am 14. November 2011. Zudem gehe es zwar um *eine* Lohnuntergrenze, aber es sei nicht eindeutig, ob diese flächendeckend einheitlich sein solle, insbesondere, da die verschiedenen Mindestlöhne eine starke Spreizung aufwiesen (siehe Tabelle 2.2). Obwohl im alten Koalitionsvertrag mit der FDP kein Mindestlohn vorgesehen war, einigten sich CDU und CSU auf das oben beschriebene Konzept.[182] Die FDP

---

[180] Vgl. zum Folgenden Sirleschtov, 2011
[181] Vgl. zum Folgenden Esslinger, 2011
[182] Vgl. zum Folgenden Tagesschau.de, 2012

positionierte sich bislang eindeutig gegen einen Mindestlohn, egal welcher Art. Ob es am Wahlkampf lag oder nicht, im Frühjahr 2013 näherte sich die FDP der Position der CDU an.[183] Es ist jedoch bis heute offen, wann eine solche Kommission tatsächlich ernannt wird, wie sie sich im Einzelnen zusammensetzt und wann mit Ergebnissen aus ihrer Arbeit gerechnet werden kann. Zudem ist zu erwarten, dass es weiterhin regionale und nach Branchen differenzierte Unterschiede bei einer Lohnuntergrenze geben würde.

Aufgrund der Koalitionsverhandlungen zwischen CDU/CSU und SPD nach der Bundestagswahl im September 2013 ist das Thema eines einheitlichen, gesetzlichen Mindestlohnes wieder in den Fokus gerückt, da dies eine der wesentlichen Forderungen der SPD für eine große Koalition ist.

Am 10. Februar 2012 stellten die von der SPD und den Grünen (BÜNDNIS 90/DIE GRÜNEN) regierten Bundesländer Baden-Württemberg, Hamburg, Rheinland-Pfalz, Brandenburg, Bremen und Nordrhein-Westfalen einen Antrag im Bundesrat mit dem Titel „Faire und sichere Arbeitsbedingungen durch Implementierung eines flächendeckenden gesetzlichen Mindestlohnes"[184]:

> „Die antragstellenden Länder setzen sich für einen flächendeckenden gesetzlichen Mindestlohn ein. Mit ihrem Entschließungsantrag wollen sie die Bundesregierung auffordern, unverzüglich einen entsprechenden Gesetzentwurf vorzulegen. Der Mindestlohn soll eine unterste Grenze des Arbeitsentgelts festsetzen, unterhalb derer keine Löhne und Gehälter vereinbart werden dürfen. Das Bruttoarbeitsentgelt pro Stunde soll 8,50 Euro nicht unterschreiten. Dieser Wert sei von einer unabhängigen Kommission nach dem Vorbild Großbritanniens (Low Pay Commission) jährlich zu überprüfen.
>
> Zur Begründung führen die Antragsteller unter anderem aus, dass Menschen, die Vollzeit arbeiten, von ihrer Arbeit menschenwürdig leben können müssen. Über eine Vollzeitbeschäftigung müsse ein existenzsicherndes Arbeitseinkommen erzielbar sein, das eine angemessene Teilhabe am gesellschaftlichen Leben ermöglicht. Dazu sei ein Rechtsanspruch auf eine Mindestvergütung erforderlich."[185]

---

[183] Vgl. Die Welt, 2013
[184] Bundesrat, 2012 a
[185] Bundesrat, 2012 a

Eine Einigung konnte jedoch nicht erzielt werden, die Initiative scheiterte.[186] Seit Anfang 2013 wird Niedersachsen von der SPD und den Grünen regiert. Hierdurch änderten sich auch die Mehrheitsverhältnisse im Bundesrat, und ein erneuter Gesetzesentwurf zu einem Mindestlohn von 8,50 € pro Stunde wurde mit den Stimmen von SPD, Grünen und der Fraktion DIE LINKE beschlossen.[187] Dies zeigt nicht nur, wie unterschiedlich die Positionen zu einem Mindestlohn sind[188], sondern auch, dass die Debatte um den Mindestlohn nach wie vor einen sehr hohen Stellenwert in der Gesellschaft und der Politik einnimmt und derzeit, insbesondere durch die Koalitionsverhandlungen zwischen CDU/CSU und SPD auf Bundesebene, so aktuell ist wie selten zuvor.

Nachfolgend soll die Diskussion um die Einführung eines gesetzlichen Mindestlohnes in Deutschland erneut aufgegriffen und die wichtigsten Argumente der Mindestlohngegner und -befürworter dargestellt sowie bewertet werden.

3.2 Auswirkungen eines Mindestlohnes in der volkswirtschaftlichen Arbeitsmarkttheorie

Eines der Hauptargumente der Mindestlohngegner ist in der klassischen Arbeitsmarkttheorie begründet: Ein Arbeitgeber beschäftigt einen Arbeitnehmer nur dann, wenn die geforderte Entlohnung nicht oberhalb seiner Produktivität liegt. Wie in Abschnitt 2.2.1 beschrieben, bedeutet dies, dass die Einstellung eines Arbeitnehmers nur dann lohnend für den Arbeitgeber ist,

---

[186] Vgl. Bundesrat, 2012 b
[187] Vgl. ZEIT ONLINE, 2013
[188] Die CDU ist gegen einen flächendeckenden Mindestlohn, aber für eine – nicht durch die Politik – festgelegte Lohnuntergrenze in den Bereichen, in denen es keine tarifvertraglich festgelegten Löhne gibt.
Die FDP war bislang grundsätzlich gegen Mindestlöhne, sie befürwortet ein Mindesteinkommen.
Die SPD ist für einen flächendeckenden Mindestlohn in Höhe von 8,50 €.
Die Grünen sind für eine flächendeckende Lohnuntergrenze in Höhe von 7,50 €.
Die Fraktion DIE LINKE ist für einen flächendeckenden Mindestlohn in Höhe von 10,00 €.
Weitere Details zu den geforderten Lohnuntergrenzen und Mindestlöhnen und weiterführende Informationen findet man auf den Internetseiten der jeweiligen Partei.

wenn dadurch mehr Gewinn erwirtschaftet wird. Daraus ergibt sich in der Theorie, dass sich ein Gleichgewichtslohn am Markt einstellt, zu dem Arbeitsangebot und -nachfrage übereinstimmen (siehe Abbildung 2.2). Die Einführung eines Mindestlohnes unterhalb des Gleichgewichtes würde bedeuten, dass er keinerlei Auswirkungen auf den Markt hätte. Ein Mindestlohn oberhalb des Gleichgewichtes sorge jedoch dafür, dass mehr Arbeit angeboten als nachgefragt werde und somit mehr Personen arbeitslos würden (siehe Abbildung 2.4). Ein Mindestlohn würde in diesem Fall bedeuten, dass der Lohn über der Produktivität des Arbeitnehmers läge, was für das Unternehmen nicht lohnend sei. Es würden Personen entlassen bzw. nicht eingestellt.

Dieses Argument ist durchaus nicht zu unterschätzen. Welches Unternehmen sollte Arbeitnehmer einstellen, deren Arbeit teurer ist als ihr Beitrag zum Unternehmenserfolg? Aber genau hier stellt sich die Frage: Wie misst man Produktivität? Dies gilt ganz besonders im Dienstleistungssektor und somit auch für die Hotelbranche. Es ist eine Tatsache, dass die Produktivität, also der Anteil am Umsatz (oder Gewinn) beispielsweise eines Pagen nicht messbar ist. Der Gast würde eventuell den gleichen Preis für das Zimmer zahlen, wenn er seinen Koffer selbst ins Zimmer bringen müsste, vielleicht wäre er dazu aber auch nicht bereit. In diesem Zusammenhang ergibt sich eine weitere Frage: Wie kann man festlegen, welchen Anteil ein Page und welchen Anteil beispielsweise ein Restaurantleiter am Umsatz hat? Es ist nicht mathematisch messbar, dass die Produktivität des einen höher ist als die des anderen. Vielmehr ist es so, dass die Klassifizierung in Form der „Hotelsterne" bestimmte Einrichtungen und Positionen erfordert. So ist ein Page zur Erlangung von fünf Sternen für ein Hotel notwendig, was wiederum ein höheres Preisniveau rechtfertigt. So etwas lässt sich mit Kategorien wie Produktivität nicht beschreiben.

Selbstverständlich muss ein Unternehmen wirtschaftlich handeln und dementsprechend Personal disponieren. Ebenso selbstverständlich ist, dass gewisse Bereiche in jedem Hotel durch Personal abgedeckt sein müssen und andere, wie der Arbeitsbereich eines Pagen, nur in bestimmten Hotels. Zudem kann auch ohne Quantifizierbarkeit jedes Arbeitsplatzes festgelegt werden, dass bestimmte Berufsgruppen mehr zum Unternehmenserfolg beitragen als andere, was unter anderem von Aus- und Weiterbildung des Personals abhängt. Dennoch ist das Argument der Produktivität eines Arbeitnehmers heutzutage, wo es exakt quantifizierbare Arbeit, wie z.B. am Fließband, nur noch selten gibt, nicht ausreichend.

Weit wichtiger noch scheint in diesem Zusammenhang zu sein, dass Löhne oberhalb des Gleichgewichtes am Markt Arbeitsplätze vernichten, bzw. gar nicht erst entstehen lassen würden. Joachim Ragnitz und Marcel Thum veröffentlichten hierzu 2008 einen Artikel basierend auf Berechnungen des ifo Instituts.[189] Auf Basis der Lohnelastizität der Arbeitsnachfrage wurde ermittelt, wie sich verschiedene Mindestlöhne auf die Beschäftigungszahlen auswirken. Die Lohnelastizität der Nachfrage gibt an, um wie viel Prozent die Arbeitsplatzzahlen zurückgehen, wenn sich die Arbeitskosten um ein Prozent erhöhen. Ragnitz und Thum verweisen auf verschiedene ermittelte Lohnelastizitäten zwischen -0,2 und -2,0 aus anderen empirischen Untersuchungen. Sie selbst beziehen sich auf Berechnungen des ifo Instituts, in denen -0,75, eine „durchaus konservative(n) Schätzung der Lohnelastizität"[190], angenommen wurde. Die genauen Berechnungen sollen hier nicht näher erläutert werden, dafür sei auf den Beitrag Ragnitz' und Thums verwiesen.

Im Rahmen der Berechnungen des ifo Institutes wurde ermittelt, dass die Einführung eines Mindestlohnes in Höhe von 4,50 € zu einem Verlust von 360.000 Arbeitsplätzen in Deutschland führen würde und in Höhe von 6,50 € zu einem Verlust von 827.000 Arbeitsplätzen.[191] Bei einem Mindestlohn von 7,50 € würden 1,1 Millionen Arbeitsplätze verloren gehen. Ostdeutschland sei von dieser Entwicklung stärker betroffen als Westdeutschland, da die Löhne dort niedriger sind und von einer Erhöhung mehr Menschen betroffen wären. Ragnitz und Thum weisen darauf hin, dass die Höhe der Elastizitäten nicht sicher zu bestimmen sei, dass bei einer höheren Elastizität die Zahlen aber entsprechend höher wären.

Diese Berechnungen sollten ernst genommen werden. Obwohl sie nicht in der Realität überprüfbar sind, kann man vermuten, dass sie bei der Einführung

---

[189] Vgl. zum Folgenden Ragnitz, Thum, 2008, S. 16 ff.
[190] Ragnitz, Thum, 2008, S. 18
[191] Vgl. zum Folgenden Ragnitz, Thum, 2008, S. 18 f.

eines Mindestlohnes zutreffen könnten. Es entspricht der rationalen Logik, dass ein Arbeitgeber einen Arbeitnehmer nicht weiter beschäftigt oder nicht einstellt, wenn der Lohn oberhalb des Gleichgewichts liegt bzw. das übersteigt, was der Arbeitgeber für diese Arbeit zu bezahlen bereit ist. Diese Annahmen basieren auf dem neoklassischen Arbeitsmarktmodell, wie in Abschnitt 2.2.2 und 2.2.3 beschrieben.

Es lässt sich jedoch auch berechtigter Zweifel daran äußern, ob solche volkswirtschaftlichen Modelle die Wirklichkeit abbilden können. „Die herrschende Volkswirtschaftslehre ist eigentlich eine bloß noch mathematische Disziplin, sie erstellt mathematische Modelle, die man real nie nachbauen könnte und die trotzdem verwendet werden, um auf deren Grundlage Berechnungen anzustellen und komplexe ökonomische Vorgänge auf wenige Zahlen zu reduzieren"[192] schreibt Claus Peter Ortlieb. Er gibt als Beispiel dafür an, dass die neoklassische Lehre vom Markt, die über Angebot und Nachfrage bestimmt wird, fälschlicherweise auch auf andere Bereiche wie den Arbeitsmarkt angewandt werde.[193] Für ihn entspreche die Theorie, dass jemand, dessen Lohn sinke, weniger Arbeit anbieten würde, wie es das klassische Modell vorgibt, nicht der Realität. Dieser Annahme liegt auch das Modell des anomalen Angebotsverhaltens (siehe Abbildung 2.5) zugrunde. Es geht davon aus, dass Menschen sich ab einem gewissen niedrigen Lohn nicht entsprechend der herrschenden Modelle verhalten. Als Argument der Mindestlohngegner wird hierzu angebracht, dass sich ein solcher Zustand nur im Falle eines Monopsons[194] einstelle, also in der Realität in Deutschland nicht existieren würde. Betrachtet man Niedriglöhne in Deutschland, wie sie in verschiedenen Bereichen, z.B. der Hotelbranche, existieren, kann man jedoch davon ausgehen, dass anomales Angebotsverhalten auf dem Arbeitsmarkt vorkommt.

Des Weiteren stellt sich die Frage, welche Arbeitsplätze verloren gehen würden. Insbesondere in der Hotelbranche, aber auch in anderen Bereichen mit vielen Niedriglohnstellen, ist es nicht unüblich, sehr viel zu arbeiten und Überstunden zu leisten, da die Arbeitsbelastung sehr hoch ist. Die

---

[192] Ortlieb, 2011, S. 112
[193] Vgl. zum Folgenden Ortlieb, 2011, S. 113
[194] Ein Monopson bezeichnet eine Situation, in der viele Anbieter nur einem Nachfrager gegenüberstehen.

Unternehmen in der Hotelbranche kalkulieren häufig mit möglichst wenig Personal, um Kosten zu sparen. Sollte es nun zu einer Erhöhung der untersten Löhne in Form eines Mindestlohnes kommen, scheint es für viele Betriebe gar nicht möglich zu sein, weiteres Personal zu entlassen. Im Umkehrschluss könnte dies bedeuten, dass manche Unternehmen nach der Einführung eines Mindestlohnes nicht mehr gewinnbringend oder kostendeckend wirtschaften können und daher den Betrieb schließen müssten, was wiederum zu einem Anstieg der Arbeitslosigkeit führen würde. Aufgrund der teilweise starken Konkurrenz in der Hotelbranche kann man allerdings anmerken, dass dies einer sich selbst regulierenden Marktwirtschaft entspräche. Würden Hotelbetriebe schließen, würden deren Marktanteile von anderen Hotels übernommen. Die anfallende Mehrarbeit könnte bewirken, dass in den bestehenden Betrieben mehr Personal eingestellt würde.

Es wird von Mindestlohngegnern häufig aufgeführt, dass Unternehmen abwandern und mehr Arbeit maschinell erledigen würden, wenn die Lohnkosten stiegen. Dieser Aspekt ist bei der Einführung eines flächendeckenden Mindestlohnes zu beachten, spielt in der Hotelbranche jedoch eine untergeordnete Rolle. Wie in Abschnitt 2.4.1 beschrieben, ist die Abwanderung in ein anderes Land aufgrund sich ändernder Rahmenbedingungen keine Option für einen Hotelbetrieb, da die Leistung an den Standort gebunden ist. Die Substitution menschlicher Arbeit durch maschinelle ist in der Dienstleistungsbranche ebenfalls sehr schwierig, teilweise unmöglich. Dennoch würden die Unternehmer auch in der Hotelbranche versuchen, die Kosten weiterhin so gering wie möglich zu halten, was dem regulären Wirtschaften in einer Marktwirtschaft entspräche.

3.3 Mindestlohn und Tarifautonomie

Zu hohe flächendeckende Mindestlöhne könnten der Tarifautonomie schaden und das System der Tarifparteien in Deutschland zerstören. Sollte ein Mindestlohn eingeführt werden, kann es durchaus sein, dass dieser über den tariflich ausgehandelten Löhnen in einigen Bereichen liegt. Geht man beispielsweise

von einem Mindestlohn von 8,50 € pro Stunde aus, wie er vom DGB vorgeschlagen und von einigen Ländern im Bundesrat gefordert wird, lagen 2011 in
der deutschen Hotelbranche 50 Entgeltgruppen darunter. Diese Tarifverträge
würden verdrängt werden.[195] In der Folge würde dies die Tarifautonomie
untergraben. Wie in Abschnitt 2.3.2.1 erläutert, ist die Tarifautonomie in
Deutschland im Grundgesetz festgehalten und wird daher als äußerst wichtig
und schützenswert empfunden. Der Staat würde mit der Festlegung von
Mindestlöhnen in die Tarifautonomie, also die freie Verhandlung von Löhnen, eingreifen.

Das Prinzip der Tarifautonomie kann allerdings nur dort funktionieren, wo
sich Partner in machtgleicher Position gegenüber stehen und miteinander
verhandeln. Die Tarifbindung in Deutschland ist seit Jahren rückläufig.[196]
Stefan Rybarz spricht von einer „Krise der Tarifautonomie" und „Erosionser-
scheinungen der Tarifbindung".[197] Diese drastischen Begriffe verdeutlichen,
dass das Konstrukt der Tarifvertragsparteien in Deutschland zum Teil erhebli-
chem Druck ausgesetzt ist. Dies gilt auch für die Hotelbranche, wie in Abschnitt 2.4.4 erläutert. Die schwache Position der NGG macht es ihr in Verhandlungen kaum möglich, höhere Löhne und Lohnentwicklungen für die
Mitglieder zu erreichen. Die Einrichtung der OT-Mitgliedschaften auf Arbeitgeberseite führt die (Verteidigung der) Tarifautonomie ad absurdum. Es ist
äußerst fragwürdig, wie die freie Vertragsgestaltung zwischen den Tarifparteien gerechtfertigt werden kann, wenn eine der Parteien einem Teil ihrer
Mitglieder freistellt, sich daran zu halten. Die OT-Mitglieder dürfen zwar
nicht an den Verhandlungen über Löhne teilnehmen, dies müssen sie allerdings auch nicht, da sie ja nicht daran gebunden sind.

Es kann als Eingeständnis von Schwäche oder aber als Einsatz für die Mitglieder interpretiert werden, dass die NGG 2006 zu den Hauptinitiatoren der
Initiative Mindestlohn gehörte und dies bis heute tut. Es zeigt aber vor allem,
dass man in der Hotelbranche nicht von einem funktionierenden Tarifsystem
sprechen kann. Zudem zeigt es, dass ein Tarifsystem auch durch Ausbeu-
tungslöhne geschwächt werden kann.

---

[195] Vgl. zum Folgenden Rybarz, 2010, S. 75 f.
[196] Vgl. WSI, 2012
[197] Rybarz, 2010, S. 63

An dieser Stelle sei zudem noch auf die christlichen Gewerkschaften verwiesen, die häufig in der Kritik stehen, sehr geringe tarifliche Löhne auszuhandeln, die teilweise sogar unter denen der sozialen Gewerkschaften liegen. Sie unterstützen so mehr die Arbeitgeber als die Arbeitnehmer. In der deutschen Hotelbranche spielt die Union Ganymed e.V., der christliche Bund der Hotel-, Restaurant- und Café-Angestellten, allerdings keine Rolle.

3.4 Mindestlohn oder Mindestsicherung

„Der Arbeitgeber ist nicht Unterhaltsschuldner des Arbeitnehmers; das Arbeitsentgelt ist Gegenleistung für Arbeit und nicht Versorgung"[198] schreibt Volker Rieble.

Das bedeutet, dass es nicht die Aufgabe der Arbeitgeber ist, die Versorgung der Arbeitnehmer sicherzustellen. Der Lohn ist als Gegenleistung für das Grenzwertprodukt der Arbeit jedes Einzelnen zu sehen, er dient nicht zur Sicherstellung des Unterhaltes. Die Aufgabe der Unterhaltssicherung kommt im Rahmen der Sozialen Marktwirtschaft dem Staat zu. Sollte der Lohn oder das Einkommen zu gering sein, erhält ein Arbeitnehmer in der Bundesrepublik Deutschland Zuschüsse in Form von „Aufstockungen" durch den Staat. Im Sozialgesetzbuch, Zweites Buch – Grundsicherung für Arbeitssuchende (SGB II)[199] ist in § 1 Abs. 1 angegeben, dass das Ziel des Gesetzes sein soll, „ein Leben zu führen, das der Würde des Menschen entspricht." Des Weiteren sollen erwerbsfähige Personen darin unterstützt werden, einer Erwerbstätigkeit nachzugehen, und es sollen Anreize zur Aufnahme einer Erwerbstätigkeit gegeben werden (§ 1 Abs. 2 SGB II). Die Grundsicherung soll „zur Sicherung des Lebensunterhaltes" dienen (§ 1 Abs. 3 Nr. 2 SGB II). Die Kombination aus Arbeitsentgelt und Zuzahlung im Sinne des SGB II entspricht den sogenannten Kombilöhnen. Viele Mindestlohngegner sprechen sich für einen Ausbau der Kombilohn-Modelle (und deren Umsetzung) aus. Sie befürworten

---

[198] Rieble, 2011 a, S. 21
[199] Zweites Buch Sozialgesetzbuch - Grundsicherung für Arbeitsuchende - (Artikel 1 des Gesetzes vom 24.12.2003, BGBl. I S. 2954) vom 13.05.2011 (BGBl. I S. 850 (2094)) in der Fassung vom 22.12.2011 (BGBl. I S. 3057)

ein Mindesteinkommen, nicht jedoch einen Mindestlohn. Sie geben dafür Gründe an, wie sie in den vorangegangenen Argumenten dargestellt wurden, befürchten z.B. Arbeitsplatzverluste und Eingriffe in die Tarifautonomie, sollte ein gesetzlicher Mindestlohn eingeführt werden.

Einer der bekanntesten Mindestlohngegner und Verfechter eines Mindestein-kommens durch staatliche Zuzahlungen ist Hans-Werner Sinn, Leiter des ifo Instituts. Sinn befürwortet die Neugestaltung des deutschen Arbeitslosen- und Sozialhilfesystems durch die Einführung des SGB II und die sogenannten Hartz-IV-Regelungen im Rahmen der Agenda 2010, die 2003 unter dem Bundeskanzler Gerhard Schröder beschlossen wurden.[200] Auf die Agenda 2010 und ihre einzelnen Regelungen wird hier nicht näher eingegangen. Zusammenfassend kann aber gesagt werden, dass die damalige Regierung unter anderem mit der Zusammenlegung von Arbeitslosen- und Sozialhilfe und der Umgestaltung der Jobcenter radikal in den Arbeitsmarkt eingriff, was bedeutende Änderungen für Arbeitslose bedeutete.[201] Christian Brütt schreibt hierzu: „(...) die wesentliche Zielsetzung dieser Instrumente, sowohl die Leistungen zur Sicherung des Existenzminimums als auch die Leistungen mit explizitem Bezug auf die Integration in den Arbeitsmarkt, ist auf eine Eigen-verantwortung als Kommodifizierung[202] ausgerichtet."[203]
Laut Sinn lässt sich aufgrund der Mindestsicherung im Sinne des SGB II vermeiden, dass Menschen trotz Arbeit arm sind.[204] Zudem würden viele Stellen für Geringqualifizierte geschaffen, da die Unternehmen den niedrigen Lohn zahlen könnten, der der Produktivität der Stelle und der jeweiligen Arbeitnehmer entspreche. Für Sinn hat die Agenda 2010 „ein Wunder auf dem Arbeitsmarkt bewirkt"[205], da mehr Arbeitsplätze geschaffen wurden. Die Schaffung von weiteren Arbeitsplätzen stellt für Sinn eines der wichtigsten

---

[200] Vgl. Sinn, 2008, S. 58
[201] Vgl. Brütt, 2011, S. 298 f.
[202] Kommodifizierung bedeutet, dass etwas zur Ware, also kommerziell wird. In diesem Zusammen-hang ist die Vermarktung menschlicher Arbeit gemeint.
[203] Brütt, 2011, S. 308
[204] Vgl. zum Folgenden Sinn, 2008, S. 58
[205] Sinn, 2008, S. 58

Ziele von Kombilöhnen dar.[206] Durch die Möglichkeit der Arbeitgeber, flexible Löhne im Niedriglohnbereich zu gestalten, würden mehr Menschen Beschäftigung finden. Sinn plädiert für den weiteren Ausbau des Niedriglohnsektors, um Beschäftigung weiter zu fördern und Arbeitslosigkeit abzubauen. Für ihn stellt gerade dies eine Möglichkeit dar, alle arbeitsfähigen Personen im Arbeitsmarkt zu integrieren.

Die Forderung nach dem Ausbau des Niedriglohnsektors ist weit verbreitet. Die Bekämpfung der Arbeitslosigkeit steht hierbei in der Argumentation meist im Vordergrund. Durch eine Weiterentwicklung der Kombilohn-Modelle soll zudem die bereits existierende Grundsicherung im Sinne des SGB II ggf. erweitert werden. In vielen Fällen ist im Niedriglohnsektor das Gehalt einer Vollzeitbeschäftigung nicht ausreichend, um die Existenz zu sichern, so dass eine zusätzliche Unterstützung durch den Staat nötig wird. Aber insbesondere Beschäftigte in Minijobs werden häufig geringer bezahlt als andere Beschäftigte.[207] „2009 arbeiteten rund 88 Prozent der Menschen, für die der Minijob die Hauptbeschäftigung bildet, für einen Niedriglohn. (…) Geringfügig Beschäftigte waren mehr als viermal so häufig von Niedriglöhnen betroffen wie der Durchschnitt aller Arbeitnehmer."[208] Durch die Reform der Minijobs vom 01. April 2003 lag die monatliche Höchstgrenze des Verdienstes bis zum 31. Dezember 2012 bei 400 €.[209] Seit dem 01. Januar 2013 liegt die Verdienstgrenze bei 450 € pro Monat. Die Begrenzung der wöchentlichen Arbeitszeit auf 15 Stunden wurde mit der Reform von 2003 aufgehoben. Durch diese Regelung sind den Stundenlöhnen bei geringfügig Beschäftigten nach unten theoretisch keine Grenzen gesetzt. Ursprünglich waren Minijobs und geringfügige Beschäftigungen nicht als Dauerzustand für Arbeitnehmer gedacht, wie es heute in den Debatten immer mehr den Anschein hat, sondern als eine Art Brücke in ein normales Beschäftigungsverhältnis. „Teilzeitarbeit und geringfügige Arbeit sind besser als gar keine Arbeit, denn sie erleichtern den Übergang von Arbeitslosigkeit in

---

[206] Vgl. zum Folgenden Sinn, 2008, S. 60 f.
[207] Vgl. Hans-Böckler-Stiftung, 2012, S. 4
[208] Hans-Böckler-Stiftung, 2012, S. 4
[209] Vgl. SVR, 2006, S. 69

Beschäftigung."[210] Ein weiteres Ziel war, die vielen illegalen Arbeitsverhältnisse bei haushaltsnahen Beschäftigungen einzudämmen.[211] Daneben nennt Brütt als weitere Funktion der Minijobs die Möglichkeit, durch flexible Lohngestaltung die Nachfrage anzuregen. „Bei ausreichend preislich-moralischer Elastizität der Anbieter von Arbeitskraft werde sich, so die Annahme, entsprechend Nachfrage im Niedriglohnbereich von alleine einstellen."[212] All diese Aspekte zielten darauf ab, den Niedriglohnbereich weiter auszubauen.[213]

Die Reform der Minijobs erweckt den Eindruck, dass jedes Mittel zum Abbau von Arbeitslosigkeit recht zu sein scheint.

Am 31. März 2011 waren ca. 6,79 Millionen Minijobber in Deutschland gemeldet.[214] Damit ist ihre absolute Zahl seit 2004 fast konstant hoch (6,84 Millionen). Doch Minijobs stellen oftmals gar keine Chance in Form einer Brücke in eine reguläre Beschäftigung dar, wie ursprünglich beabsichtigt, sondern sind häufig die einzige Beschäftigungsmöglichkeit für Arbeitnehmer. Man muss grundsätzlich unterscheiden zwischen Personen, die einen Minijob ausüben, um für den Haushalt „etwas hinzuzuverdienen", ohne dass das Geld zur Unterhaltssicherung unbedingt nötig ist und Personen, die auf einen Minijob zur Bestreitung des Lebensunterhaltes angewiesen sind. Letztere sind eher bereit, geringe Löhne im Sinne des anomalen Angebotsverhaltens zu akzeptieren. Im Juni 2011 waren ca. 4,39 Millionen Menschen ausschließlich geringfügig beschäftigt und ca. 28,127 Millionen in einem sozialversicherungspflichtigen Beschäftigungsverhältnis.[215] Von den ausschließlich geringfügig Beschäftigten waren ca. 11,4% Arbeitslosengeld-II-Bezieher (ALG II) mit einem Einkommen aus Erwerbstätigkeit, das entspricht ca. 502.000 Personen. Bei den sozialversicherungspflichtig Beschäftigten bezogen ca. 2% mit einem Einkommen aus Erwerbstätigkeit ALG II, dies entspricht ca. 571.000 Beschäftigten.

---

[210] Blair, Schröder, 1999, zit. nach Brütt, 2011, S. 201
[211] Vgl. zum Folgenden Brütt, 2011, S. 204 f.
[212] Brütt, 2011, S. 324 f.
[213] Vgl. Brütt, 2011, S. 205
[214] Vgl. zum Folgenden Knappschaft-Bahn-See, 2011
[215] Vgl. zum Folgenden Bundesagentur für Arbeit, 2011

Im Gastgewerbe liegen diese Zahlen deutlich über dem nationalen Durchschnitt. Es sind wesentlich mehr ausschließlich geringfügig Beschäftigte (ca. 535.000) im Verhältnis zu den sozialversicherungspflichtig Beschäftigen (ca. 861.000) tätig. Der Anteil der ALG-II-Bezieher mit einem Einkommen aus Erwerbstätigkeit liegt bei den geringfügig Beschäftigten bei ca. 17,2% und bei den sozialversicherungspflichtig Beschäftigten bei ca. 7,5%. In Westdeutschland liegen die Zahlen im Gastgewerbe darunter, in Ostdeutschland erheblich darüber. Damit bezieht ca. ein Drittel (34%) der ausschließlich geringfügig Beschäftigten in Ostdeutschland mit einem Einkommen aus Erwerbstätigkeit auch noch ALG II als Unterstützung.

Die NGG gibt an, dass im Gastgewerbe fast jeder zweite Job ein Minijob ist, prozentual so viele wie in keinem anderen Gewerbe.[216] Dies liegt unter anderem in (saisonalem) Arbeitsmehranfall und unregelmäßigen Arbeitszeiten begründet sowie darin, dass viele Personen in Kleinstbetrieben beschäftigt werden. Weil die Begrenzung der wöchentlichen Arbeitszeit aufgehoben wurde, ist es möglich, in den Minijobs immer geringere Stundenlöhne auszuzahlen.

Man kann davon ausgehen, dass geringfügige Beschäftigungen reguläre, sozialversicherungspflichtige Arbeitsplätze verdrängen. So kann es für Arbeitgeber lohnend sein, sozialversicherungspflichtige Beschäftigung durch geringfügige Beschäftigung zu „subventionieren". Obwohl dies nicht eindeutig belegt ist, spricht der *Sachverständigenrat zur Begutachtung der gesamtwirtschaftlichen Entwicklung* (SVR) von Hinweisen auf eine Verdrängung regulärer Beschäftigungsverhältnisse durch Minijobs, zum Teil sogar durch die Beschäftigung der gleichen Person.[217]

Schäfer bezeichnet das aufstockende Arbeitslosengeld II als „einen großen und teuren [sic], weil dauerhaften und flächendeckenden, seit langem schon bestehenden Kombilohn"[218], dessen Kosten er zu dem Zeitpunkt auf einen einstelligen Milliardenbetrag schätzt.[219] Offen bleibt, ob in dieser Schätzung bereits die Kosten für die spätere Unterstützung von Personen enthalten sind, die aufgrund

---

[216] Vgl. zum Folgenden NGG, 2012
[217] Vgl. SVR, 2006, S. 71
[218] Schäfer, 2007, S. 11
[219] Vgl. Schäfer, 2007, S. 11

geringfügiger Beschäftigung kaum Rentenansprüche erwerben. Bei der Debatte um die Ausgestaltung des Niedriglohnsektors sollte dies berücksichtigt werden, da man davon ausgehen kann, dass alle Personen, die ihre Existenz mit Hilfe von Lohnsubventionen durch den Staat bestreiten, auch später staatliche Unterstützung bei der Rente nötig haben werden.

Die Regelungen des SGB II schaffen Anreize zur Aufnahme einer Erwerbstätigkeit, allerdings mit fragwürdigen Mitteln: „Vereinbarungen stehen unter Kontrahierungszwang[220], Instrumente der Arbeitsmarktintegration liegen im Ermessen der Sozialverwaltung, abweichendes Verhalten wird strikt sanktioniert.“[221] Grundsätzlich ist es erstrebenswert, die Arbeitslosenzahlen in Deutschland dauerhaft zu senken. Es sollte jedoch beachtet werden, dass nicht alle Maßnahmen, die dies bewirken sollen, die Bedingungen auf dem Arbeitsmarkt verbessern. Beispielsweise können sinkende Löhne oder das Angewiesensein auf staatliche Unterstützung trotz Berufstätigkeit, dazu führen, dass die intrinsische Motivation der Arbeitnehmer sinkt und ihre Frustration steigt.[222] So kann es zu einer Leistungsreduktion kommen, die zwar möglicherweise nicht messbar, aber für den Arbeitgeber dennoch von Nachteil wäre. Was durch erzwungene Flexibilität von Arbeitnehmern an Löhnen eingespart würde, könnte unter Umständen durch geringere Arbeitsleistung wieder zu Buche schlagen.

3.5 Fiskalische Kosten und Effekte eines Mindestlohnes

Wird über die Einführung eines Mindestlohnes diskutiert, spielen die möglichen fiskalischen Kosten eine wesentliche Rolle. Die fiskalischen Auswirkungen lassen sich allerdings schwer bestimmen, da die Ausgangsgrößen auch nur geschätzt werden können. Anstatt nun hier Zahlen zu nennen, werden nachfolgend verschiedene Möglichkeiten diskutiert.

---

[220] Kontrahierungszwang beschreibt die gesetzliche Verpflichtung, mit jemandem einen Vertrag abschließen zu müssen. Der Kontrahierungszwang bildet eine Ausnahme von der Vertragsfreiheit.
[221] Brütt, 2011, S. 320
[222] Vgl. zum Folgenden Güth, Kliemt, 2008, S. 51

Geht man zunächst davon aus, dass durch die Einführung eines gesetzlichen Mindestlohnes weder mehr noch weniger Personen beschäftigt werden, können die fiskalischen Entlastungen erheblich sein. In einer von der Prognos AG für die Friedrich-Ebert-Stiftung entwickelten Expertise von 2011 wurden diese Effekte ermittelt.[223] Die Ergebnisse werden hier zusammengefasst dargestellt.

Die Autoren weisen ausdrücklich darauf hin, dass die Beschäftigungseffekte eines Mindestlohnes in den Berechnungen nicht berücksichtigt werden, da die Wirkungen empirisch weder eindeutig positiv noch negativ nachweisbar sind und von verschiedenen Rahmenbedingungen abhängig sind.[224] In der Untersuchung sind die fiskalischen Auswirkungen für Mindestlöhne in unterschiedlicher Höhe angegeben.[225] In die Berechnungen einbezogen wurden die steigenden Erwerbseinkommen, die dadurch steigenden Steuer- und Sozialversicherungseinnahmen, ferner die sinkenden Sozialtransfers wie das Arbeitslosengeld II. Die Tabelle 3.1 gibt einen Überblick über die Ergebnisse für den jeweiligen Mindestlohn, ohne dass dabei auf die detaillierten Rechnungen und Zwischenwerte eingegangen wird.

Tabelle 3.1: Fiskalische Effekte verschiedener Mindestlohnhöhen

Mögliche Mindestlohnhöhe	5,00 €	7,50 €	8,50 €	10,00 €	12,00 €
Fiskalischer Effekt (in Milliarden)	1,282 €	4,620 €	7,059 €	12,752 €	24,397 €

Quelle: Eigene Darstellung, in Anlehnung an Ehrentraut u.a., 2011, S. 21

---

[223] Ehrentraut u.a., 2011
[224] Vgl. Ehrentraut u.a., 2011, S. 7 u. 10
[225] Vgl. zum Folgenden Ehrentraut u.a., 2011, S. 21

Geht man also von der Einführung eines Mindestlohnes in Höhe von 8,50 € in Deutschland aus, kann man Mehreinnahmen von ca. 7,1 Milliarden € erwarten, sofern die Beschäftigungswirkungen unberücksichtigt bleiben.

Des Weiteren werden von Ehrentraut u.a. sogenannte Zweitrundeneffekte erwartet, also Effekte, die sich zusätzlich zu den genannten aus den gestiegenen Erwerbseinkommen ergeben können.[226] Steigen die Haushaltseinkommen, konsumieren die Menschen auch mehr. So könne bei einem Mindestlohn von 8,50 € davon ausgegangen werden, dass ca. 4 Milliarden € mehr in den Konsum privater Haushalte fließen würden. Bei einem Mindestlohn in Höhe von 7,50 € stünden der Berechnung Ehrentrauts u.a. zufolge ca. 2,3 Milliarden € mehr für private Konsumausgaben zu Verfügung, und bei einem Mindestlohn in Höhe von 10,00 € ca. 7,6 Milliarden €. Durch steigenden Konsum könne von Beschäftigungszuwächsen ausgegangen werden. Bei einem Mindestlohn in Höhe von 8,50 € werden zusätzliche Beschäftigungen für ca. 78.000 Personen angenommen, bei 7,50 € ca. 6.000 zusätzliche Beschäftigte und bei 10,00 € ca. 219.000 zusätzliche Beschäftigte. Allerdings verweisen Ehrentraut u.a. darauf, dass diese Zahlen zwar mögliche Potentiale zeigen, konkret jedoch anders ausfallen können. Aus dem erwarteten erhöhten Konsum lasse sich ableiten, dass die Einnahmen von Verbrauchssteuern steigen könnten. Diese Mehreinnahmen betrügen bei einem Mindestlohn von 8,50 € ca. 686 Millionen €, bei 7,50 € ca. 289 Millionen € und bei 10,00 € ca. 1.499 Millionen €.

Negative Effekte, die durch Beschäftigungsrückgänge entstünden, müssten aufgrund gegenläufiger Effekte nicht zwangsläufig negativ für den Fiskus sein.[227]

In der Studie von Nicole Horschel und Hagen Lesch für das Institut der deutschen Wirtschaft Köln (IW) werden Veränderungen in der Beschäftigung in die Berechnungen einbezogen.[228] Zunächst verweisen die Autoren auf die

---

[226] Vgl. zum Folgenden Ehrentraut u.a., 2011, S. 23 ff.
[227] Vgl. Ehrentraut u.a., 2011, S. 30
[228] Horschel, Lesch, 2011

oben genannte Studie der Prognos AG.[229] Sie führen auf, dass durch höhere Löhne auch die Unternehmen höhere Sozialversicherungsbeiträge zu zahlen hätten, wodurch der fiskalische Effekt noch höher sei. Dem entgegen stehe jedoch, dass die Unternehmen durch die höheren Kosten geringere Gewinne hätten und daher weniger Unternehmenssteuern zahlen müssten. Zu den Zweitrundeneffekten zähle, dass sinkende Gewinne sich auf die Investitionsbereitschaft der Unternehmen auswirkten.

Horschel und Lesch kritisieren zudem, dass in der Expertise der Prognos AG Veränderungen in der Beschäftigung unberücksichtigt blieben. Es gäbe freilich auch kaum empirische Erkenntnisse über die Wirkung einer Mindestlohnregelung in Deutschland.[230] Horschel und Lesch ermitteln auf Basis eines Mikrosimulationsmodells verschiedene fiskalische Effekte bei einem Mindestlohn in Höhe von 8,50 €.[231] Da über das Mikrosimulationsmodell keine Beschäftigungswirkungen berechnet werden können, beziehen sie sich hierfür auf die ermittelten Beschäftigungsszenarien einer anderen Studie.[232] Im ersten Szenario von Horschel und Lesch wird wie bei Ehrentraut u.a. unterstellt, dass es keine Beschäftigungsveränderungen gibt. Die ermittelten Mehreinnahmen des Fiskus lägen dann bei ca. 5,0 Milliarden €. Im zweiten Szenario wird davon ausgegangen, dass vor allem geringfügig Beschäftigte ihren Arbeitsplatz verlieren würden. Sie rechnen unter anderem Mehreinnahmen bei Sozialbeiträgen, Lohnsteuern und Arbeitslosengeld II gegen Mindereinnahmen beim Arbeitslosengeld I und Unternehmenssteuern auf. Der auf diese Weise ermittelte fiskalische Effekt liegt bei -0,8 Milliarden €. Auf der Basis von empirisch ermittelten Nachfrageelastizitäten wird in der Studie, auf die sich Horschel und Lesch beziehen (s. Fußnote 232), berechnet, dass mit zunehmendem Mindestlohn weniger Vollzeittätige als geringfügig Beschäftigte ihren Arbeitsplatz verlieren würden. In einem dritten Szenario rechnen Horschel und Lesch bei einem Mindestlohn von 8,50 € mit den gleichen

---

[229] Vgl. zum Folgenden Horschel, Lesch, 2011, S. 2 f.
[230] Vgl. Horschel, Lesch, 2011, S. 4
[231] Vgl. zum Folgenden Horschel, Lesch, 2011, S. 9 ff.
[232] Vgl. Horschel, Lesch, 2011, S. 16: Bachmann, Ronald / Bauer, Thomas K. / Kluve, Jochen / Schaffner, Sandra / Schmidt, Christoph M., 2008, Mindestlöhne in Deutschland, Beschäftigungswirkungen und fiskalische Effekte, RWI-Materialien, Heft 43, Essen

Arbeitsplatzrückgängen bei Vollzeitbeschäftigten, die bei einem Mindestlohn von 6,00 € ermittelt wurden. Die Arbeitsplatzrückgänge bei Vollzeitbeschäftigten werden also höher angenommen als in der Studie angegeben. In diesem Fall erwarten sie einen fiskalischen Effekt von -6,6 Milliarden €.

Es zeigt sich also, dass es nur schwer vorherzusagen ist, welche fiskalischen Auswirkungen die Einführung eines gesetzlichen Mindestlohnes hätte. Verschiedene Modelle kommen zu unterschiedlichen Ergebnissen, weil sie von unterschiedlichen Bedingungen ausgehen. Welche Kosten ein Mindestlohn verursachen würde oder welche eingespart werden könnten, ist von zahlreichen Faktoren, wie den Beschäftigungsveränderungen, den Marktbedingungen und der Höhe des Mindestlohnes, abhängig.

In diesem Zusammenhang wird oft argumentiert, dass die privaten Haushalte durch die Einführung eines Mindestlohnes mehr Geld für Konsum zur Verfügung hätten, so auch in der Expertise von Ehrentraut u.a. (s. S. 56). Dies ist richtig, bedeutet jedoch nicht, dass insgesamt mehr Geld im Umlauf ist. Es findet lediglich eine Umverteilung von den Unternehmen in Form von Gewinnen an die privaten Haushalte in Form von Mehreinkommen statt. Man könnte daher behaupten, dass dies keine Bedeutung für eine Volkswirtschaft habe. Doch diese Umverteilung kann dazu führen, dass mehr Geld ausgegeben als Vermögen angehäuft wird. Das Geld wird schneller in den Umlauf gebracht. Personen mit geringem oder mittlerem Einkommen konsumieren ihr Einkommen nahezu vollständig, während Unternehmensgewinne an Eigentümer gehen und in Vermögen umgewandelt werden können.

Zudem kann man davon ausgehen, dass viele Unternehmen, insbesondere in der Hotelbranche, die steigenden Kosten auf die Preise umlegen. Für Mindestlohngegner sind dadurch unter anderem die Konsumenten, die solche steigenden Preise tragen müssten, die Verlierer eines gesetzlichen Mindestlohnes. Dies wird oft dramatischer dargestellt, als es in der Realität der Fall sein dürfte. Zum einen stellt sich die Frage, wie hoch diese Umlagen tatsächlich wären und wie stark der Konsument sie spüren würde. Auch die Zuzahlungen des Staates zu den Kombilöhnen werden ja von allen Steuerzahlern und damit auch den Konsumenten getragen. Bei höheren Produkt- und Dienstleistungs-preisen würden die Konsumenten die Kosten deutlicher wahrnehmen, während ihnen die derzeitigen Transferleistungen, die durch ihre Steuern finanziert werden, verborgen bleiben. Zum anderen ist zu bezweifeln, dass ein Unternehmen, das günstige Preise nur deshalb anbieten kann, weil es seine Mitarbeiter gering entlohnt, eine Daseinsberechtigung hat.

3.6 Die Ausnutzung des staatlichen Sozialsystems

Eines der wichtigsten Argumente für einen gesetzlichen Mindestlohn stellt die Struktur des Kombilohnes dar. Der Grundgedanke des Kombilohnes ist, dass, in erster Linie gering qualifizierte, Personen für einen so niedrigen Lohn arbeiten, dass sie Unterstützungsleistungen, sogenannte Aufstockungen, in Form von Arbeitslosengeld II vom Staat benötigen, um ihre Existenz zu sichern. Wie bereits erläutert, sollten die Reformen der Agenda 2010 bewirken, dass arbeitsfähige Personen, jede passende Arbeit, unabhängig von der Entlohnung, aufnehmen. Durch *in-work benefits*, an Arbeitsleistungen geknüpfte Transferleistungen, sollen Anreize zur Aufnahme von Arbeit oder zur Ausweitung des Arbeitsangebotes gesetzt werden.[233] Ein Ausbau dieses Systems soll demzufolge die Arbeitslosenzahlen senken.

Kombilöhne können bewirken, dass Arbeitgeber Arbeitsplätze schaffen, aber auch, dass sie Löhne senken. Da der Staat dafür sorgt, dass ein Arbeitnehmer existenzsichernde Zuzahlungen erhält, können die Arbeitgeber die Löhne gering halten. Die Abschaffung der Stundenbegrenzung bei den Minijobs begünstigt das zusätzlich. Volkswirtschaftliche Theorien, denen zufolge Arbeitskräfte entsprechend ihrer Produktivität entlohnt werden, werden durch diese Tatsachen ausgehöhlt. Handelt ein Unternehmer wirtschaftlich, kann man davon ausgehen, dass er eine Arbeitskraft so gering wie möglich entlohnt. Damit kommt es zu einer Ausbeutung des deutschen Sozialsystems durch die so handelnden Unternehmen. Es sind nicht nur schwer vermittelbare

---

[233] Vgl. Brütt, 2011, S. 311

oder nicht qualifizierte Arbeitslose, die auf Niedriglohnberufe und die Unterstützung des Staates angewiesen sind. Insbesondere in der Hotelbranche sind niedrige Entlohnungen, teilweise noch unterhalb der Tariflöhne, nicht ungewöhnlich. Weil Kleinstbetriebe nicht kontrolliert werden, weil Tarifbindungen häufig fehlen oder die Unternehmen OT-Mitglieder sind, ist es möglich, dass Hotelbetriebe die Arbeitnehmer zu sehr geringen Löhnen beschäftigen. Viele Betriebe entwickeln eine Gehaltsstruktur, die die Unterstützung des Staates für die Arbeitnehmer von vornherein einbezieht. So entstehen Unternehmen, die nur deshalb wirtschaftlich existieren, weil sie die staatlichen Sicherungssysteme ausnutzen, indem sie ihre Mitarbeiter zu sehr niedrigen Arbeitsentgelten beschäftigen.

Für Sinn stellt dies kein Problem dar.[234] Die Ziele Vollbeschäftigung und Existenzsicherung der Arbeitnehmer seien wichtiger als der Schutz des Staates vor „Mitnahmeeffekten". Die Senkung weiterer Löhne sei die einzige Möglichkeit, diese Ziele zu erreichen. Der Staat habe die Aufgabe, die Existenz der Menschen sicherzustellen.

Letzteres ist korrekt. Es kann aber nicht richtig sein, dass der Staat durch die Aufstockung geringer Löhne solche Unternehmen unterstützt, deren Bestehen darin begründet ist, dass sie sich ebendiese Tatsache zunutze machen. Ein Unternehmen ist nicht wirtschaftlich, wenn es nur dann am Markt existieren kann, weil es indirekt durch den Staat getragen wird, nämlich in Form von Transferzahlungen an die gering entlohnten Mitarbeiter. In diesem Fall kann man auch von einer verdeckten Subvention durch die Steuerzahler sprechen. „Dass der Staat ‚im Prinzip' zum Schutz seiner Sicherungssysteme Arbeitsverhältnisse verbieten kann, die eine entsprechende Bedürftigkeit auslösen, lässt sich kaum bestreiten."[235] Mit Hilfe eines Mindestlohnes hat der Staat die Möglichkeit, die Ausbeutung seines Sozialsystems einzudämmen oder abzuschaffen.

Die Einführung eines Mindestlohnes stellt somit keinen Eingriff in den Markt dar, wie vielfach von Mindestlohngegnern unter Berufung auf ordnungspoliti-

---

[234] Vgl. zum Folgenden Sinn, 2008, S. 60
[235] Rieble, 2011 a, S. 22

sche Aspekte vorgebracht, sondern sie dient unter anderem dem Schutz des Staates.

3.7 Mindestlohn in der Sozialen Marktwirtschaft

Wie in Kapitel 2.1 ausführlich erläutert, ist die Theorie der Sozialen Markt-wirtschaft aus dem Ordoliberalismus heraus entstanden. Im Ordoliberalismus sollte ein starker Staat den ordnungspolitischen Rahmen bieten, auf dessen Grundlage sich die Marktwirtschaft entfalten kann. Der Staat sollte nach Möglichkeit nicht in die wettbewerbspolitischen Geschehnisse durch Inter-ventionen eingreifen. Mit Hilfe eines solchen ordnungspolitischen Rahmens funktioniere der Wettbewerb auf den Märkten durch Angebot und Nachfrage, ohne staatliche Eingriffe. Die Einführung eines Mindestlohnes bezeichnen Stefan Bauernschuster und Gerhard D. Kleinhenz als „konzeptionslosen Interventionismus"[236], der von Politikern nur in die öffentliche Debatte eingebracht werde, um Wahlerfolge zu erzielen.[237]

Es ist unbestritten, dass die Ordoliberalen sich von Seiten des Staates keine unnötigen Eingriffe in die Marktgeschehnisse wünschten. Die wichtigsten Bedingungen fasste Eucken in seinen konstituierenden Grundprinzipien zusammen (siehe Abschnitt 2.1.3.1). Doch es war auch Eucken, einer der wichtigsten Begründer des Ordoliberalismus, der erkannte und in seinen regulierenden Prinzipien formulierte, dass es notwendig sein könne, Mindest-löhne festzusetzen (siehe Abschnitt 2.1.3.2).

Ordoliberale Theoretiker waren auch strikt gegen Gewerkschaften und Arbeitnehmerverbände, da sie diese als eine Art Monopol betrachteten. Bauernschuster und Kleinhenz geben an, dass „die Väter der Sozialen Marktwirtschaft"[238] die Tarifautonomie schließlich doch akzeptierten, um gute Arbeitsbedingungen zu schaffen.

---

[236] Bauernschuster, Kleinhenz, 2008, S. 45
[237] Vgl. Bauernschuster, Kleinhenz, 2008, S. 45
[238] Bauernschuster, Kleinhenz, 2008, S. 46

Es steht also keineswegs im grundsätzlichen Gegensatz zu den Prinzipien der Sozialen Marktwirtschaft und des Ordoliberalismus, Mindestlöhne zu fordern. Es muss allerdings festgehalten werden, dass in der Sozialen Marktwirtschaft der Staat die Aufgabe der sozialen Verteilung oder Absicherung übernehmen soll. Der Markt ist hierfür grundsätzlich nicht zuständig. Wie im vorangegangen Abschnitt gezeigt, darf der Staat sich jedoch nicht durch die Unternehmen ausnutzen lassen. Ein gesetzlicher Mindestlohn kann daher Teil des durch den Staat festgelegten ordnungspolitischen Rahmens, in dem Wettbewerb stattfindet, sein.

3.8 Mindestlohn – ein gerechter Lohn?

Zu den am häufigsten vorgetragenen Argumenten in der Mindestlohndebatte zählt, dass ein Lohn gerecht sein muss. In der Regel ist damit gemeint, dass ein Arbeitnehmer in der Lage sein soll, sich mit Hilfe seines Erwerbseinkommens die Existenz zu sichern. Da dies in vielen Fällen selbst mit einer Vollzeittätigkeit nicht möglich ist, wird ein Mindestlohn gefordert. Was genau Gerechtigkeit bedeutet und welcher (Mindest-)Lohn gerecht ist, wird dabei meist nur am Rande betrachtet.

Der Begriff Gerechtigkeit kann auf vielfältige Weise definiert und in unterschiedlichen Zusammenhängen benutzt werden. Grundsätzlich können der Begriff der Gerechtigkeit und seine nötigen Bestimmungen der Sozialethik, einem Teilbereich der Ethik, der sich mit gesellschaftlichen Strukturen beschäftigt, zugeordnet werden. Die folgende Definition von Gerechtigkeit ist der Website der Bundeszentrale für politische Bildung (bpb) entnommen:

> „Allg.: G. (Gerechtigkeit, Anm. d. Verf.) bezeichnet das Verhalten eines Menschen oder eine soziale Gegebenheit, die subjektiv als (ge-)recht beurteilt wird. G. ist insofern eine Tugend.
> Spez.: G. ist ein zentraler Grundwert und oberstes Ziel des Rechtsstaates, das als Ordnungs- und Verteilungsprinzip immer wieder neu bestätigt und angewandt werden muss.“[239]

---

[239] Klein, Martina, Schubert, Klaus: Das Politiklexikon, 2006, 4. Auflage, Bonn, zit. nach bpb, o.J.

Diese Arbeit geht lediglich auf Leistungs- und Bedarfsgerechtigkeit im Zusammenhang mit Löhnen ein.

Der Begriff der Leistungsgerechtigkeit zielt auf eine Vorstellung von Gerechtigkeit ab, die sich an der individuellen Leistung des Einzelnen orientiert.[240] „Nur wo der Einzelne seinen Interessen im Sinne eines wohlverstandenen und legitimen Eigennutz [sic] möglichst unbehindert nachgehen kann, ist auch ein hohes Maß an allgemeinem Wohlstand erreichbar."[241] Das bedeutet, dass das Streben des Menschen nach dem höchsten Eigeninteresse dem Wohlstand aller dienen kann, da die Menschen leistungsorientiert sind. Diese Auffassung wird auch im (Ordo-)Liberalismus vertreten, der dem Staat die Aufgabe der Ordnungspolitik zuschreibt und die Regeln im freien Wettbewerb die Akteure selbst bestimmen lässt. Das Prinzip der Leistungsgerechtigkeit hat auch in der Sozialen Marktwirtschaft weiterhin Bestand, es wurde jedoch durch staatlich gesetzte soziale Maßnahmen zur Unterstützung der individuellen Leistungsbereitschaft erweitert. Es ist nicht nur die – zumindest theoretisch – individuelle Entlohnung der eigenen Leistung, sondern auch die „soziale(n) Wertschätzung von wirtschaftlichem Erfolg"[242], die dieses Prinzip so erfolgreich macht.

Der Begriff der Bedarfsgerechtigkeit hingegen zielt auf den grundsätzlichen Bedarf einer Person ab.[243] In diesem Zusammenhang werden existenzsichernde minimale Begrenzungen in Form von Arbeitslöhnen oder Transferleistungen durch den Staat genannt. Diese Form der Existenzsicherung soll insbesondere für Personen bestimmt sein, die selbst nicht (mehr) in der Lage sind, sich eigenständig bedarfsdeckend zu versorgen. In der Bundesrepublik Deutschland ist dies durch die Regelungen im SGB II prinzipiell gewährleistet.

---

[240] Vgl. zum Folgenden Giersch, 2003, S. 44 f.
[241] Giersch, 2003, S. 45
[242] Liebig, Schupp, 2008, S. 8
[243] Vgl. zum Folgenden Giersch, 2003, S. 51

Obwohl Leistungs- und Bedarfsgerechtigkeit erst einmal zwei verschiedene Arten von Gerechtigkeit sind, sollten sie zusammenhängend betrachtet werden. Durch Abgaben in Form von Steuern und für Sozialleistungen durch Arbeitnehmer ist eine Finanzierung des Sozialstaates und damit eine Gewährleistung der Bedarfsgerechtigkeit erst möglich. Stefan Liebig und Jürgen Schupp erörtern, dass Arbeitnehmer die Abgaben, die ihren individuellen Gewinn im Sinne des Leistungsprinzips verringern, akzeptieren, da es der Gesellschaft und Personen dient, die unverschuldet nicht in der Lage sind, selbstständig ihren Bedarf zu decken.[244] Andererseits bedeutet dies, dass Personen, die Transferleistungen durch den Staat erhalten, obwohl sie erwerbsfähig oder -tätig sind, möglicherweise nicht in der Lage sind, gemäß dem Leistungsprinzip zu arbeiten.[245] Die Leistungsgerechtigkeit ist in der Sozialen Marktwirtschaft tief verwurzelt, so dass Personen, die Transferzahlungen erhalten, einen geringeren ökonomischen Erfolg haben und somit sozial weniger wertgeschätzt werden. Dies könne laut Liebig und Schupp von den Betroffenen als Nachweis einer geringeren Leistungsfähigkeit angesehen werden und führe somit zu dem Gefühl einer größeren Ungerechtigkeit des eigenen Lohnes.

Was Gerechtigkeit genau ist, verstehen Menschen individuell und subjektiv unterschiedlich. Deshalb wird es in dieser Arbeit nicht eingehender untersucht. Dennoch stellt sich die Frage, ob der Ausbau eines Niedriglohnsektors mit einer Ausweitung der Kombilöhne den Prinzipien der Leistungs- und Bedarfsgerechtigkeit gerecht wird. Ob ein Mindestlohn gerecht wäre, sei dahingestellt, doch jedenfalls widerspricht er weder dem Leistungs- noch dem Bedarfsprinzip. Er stellt lediglich eine Grenze nach unten dar. Er kann sogar zum Abbau subjektiv empfundener Ungerechtigkeit in Bezug auf die Lohnhöhe beitragen und Arbeitnehmern die Möglichkeit bieten, (wieder) mehr dem Leistungsprinzip entsprechend zu arbeiten.

---

[244] Vgl. Liebig, Schupp, 2008, S. 14 ff.
[245] Vgl. zum Folgenden Liebig, Schupp, 2008, S. 17 und 26

3.9 Über die Höhe eines Mindestlohnes

Diskutiert man über die Einführung eines flächendeckenden Mindestlohnes, muss man sich auch mit der möglichen Höhe dieses Mindestlohnes auseinandersetzen.

Zunächst wird nun auf eine Unterscheidung nach einem Ost- und Westmindestlohn eingegangen. Dass die Löhne in den ostdeutschen Bundesländern in der Regel geringer sind als in den westdeutschen, wurde bereits hervorgehoben. Es wird daher häufig gefordert, dass auch ein Mindestlohn diese Unterschiede aufgreifen müsste, damit Ostdeutschland von eventuellen negativen Konsequenzen eines Mindestlohnes nicht stärker betroffen wäre als Westdeutschland. Grundsätzlich kann man diese Überlegung nachvollziehen. Allerdings wird man den bestehenden Unterschied zwischen Ost- und Westdeutschland so weiter fördern, anstatt ihn zu verringern. Zudem kann man eindeutig von einer Diskriminierung reden: „Die pauschale Ostabstufung verstößt nicht nur gegen den Gleichheitssatz, sie diskriminiert nach Heimat (Artikel 3 Absatz 3 Grundgesetz)."[246] Ein gesetzlicher Mindestlohn in Deutschland muss für alle Bundesländer gleich gelten.

Wie hoch ein Mindestlohn sein muss, ist eine komplexe Fragestellung und daher nicht Gegenstand dieser Arbeit. Es werden hier lediglich verschiedene Mindestlohnhöhen benannt, die debattiert werden.

Der DGB fordert einen einheitlichen Mindestlohn in Höhe von 8,50 €, nachdem die ursprüngliche Forderung der Gewerkschaften NGG und ver.di 7,50 € betrug. Der DGB begründet die Höhe der Forderung unter anderem mit dem Niveau der Mindestlöhne vergleichbarer westeuropäischer Nachbarländer.[247]

Die Forderung nach einem Mindestlohn von 8,50 € wird häufig vertreten, daher nehmen auch nahezu alle Studien und Expertisen darauf Bezug.

---

[246] Rieble, 2010
[247] Vgl. DGB, o.J.

Die Bündnisplattform *Mindestlohn 10 Euro* fordert einen gesetzlichen Mindestlohn in Höhe von 10,00 € brutto, lohnsteuerfrei und parallel die Erhöhung des Hartz-IV-Eckregelsatzes auf 500,00 €.[248] Die Begründung für den höheren Hartz-IV-Satz liegt darin, dass der bisherige Satz zu gering sei, um sich vollwertig zu ernähren und am gesellschaftlichen Leben teilzuhaben. Damit ein arbeitender Mensch mehr Einkommen zur Verfügung hat als ein Hartz-IV-Empfänger, wird ein Mindestlohn von 10,00 € brutto und steuerfrei gefordert. Bleibe der derzeitige Eckregelsatz in Höhe von 374,00 € bestehen, würden Alleinstehende bei einem Mindestlohn von 8,50 € ein Gehalt auf Hartz-IV-Niveau erhalten. Bei einem steigenden Regelsatz würde das Gehalt unter Hartz-IV-Niveau fallen.

Thorsten Schulten hat für das WSI in der Hans-Böckler-Stiftung 2011 eine Übersicht zu Mindestlohnhöhen, die entsprechend verschiedenen Kriterien für angemessen gelten können, herausgebracht.[249] Er errechnet darin die verschiedenen Mindestlöhne bei Zugrundelegung von Hartz IV, der Pfändungsfreigrenze, des Armutslohnes und eines fairen Lohnes nach der Europäischen Sozialcharta.[250] Ermittelt man, wie viel ein Alleinstehender verdienen muss, um nicht mehr von Hartz IV abhängig zu sein, liegt der Mindeststundenlohn zwischen 8,50 € und 8,91 €, je nach Wochenarbeitszeit zwischen 40 und 38 Stunden. Die Pfändungsfreigrenze[251] ist gesetzlich festgelegt und beträgt 1030,00 €, was der Modellrechnung entsprechend der Nettolohn sein müsste. Ein Mindestlohn würde dann zwischen 8,22 € und 8,62 € pro Stunde betragen. Wie in Abschnitt 2.3.1 erörtert, beträgt die Armutsgrenze laut Festlegung durch die OECD 50% des Medianlohnes. Schulten nennt einen durchschnittlichen (also theoretisch dem arithmetischen Mittel entsprechenden) Bruttostundenlohn von 21,48 € in 2010. Der Mindestlohn läge daher bei 10,74 €. Die Europäische Sozialcharta des Europarates von 1961 fordert in Artikel 4 *Das Recht auf ein gerechtes Arbeitsentgelt*, was Schulten mit mindestens 60% des

---

[248] Vgl. zum Folgenden Die Bündnisplattform, 2012
[249] Schulten, 2011 b
[250] Vgl. zum Folgenden Schulten, 2011 b
[251] Bis zur Pfändungsfreigrenze reicht der Anteil, den ein Schuldner von seinem Nettolohn behalten darf, ohne dass dieser gepfändet werden kann.

durchschnittlichen Nettolohnes gleichsetzt. Der Mindestlohn läge dement-sprechend zwischen 12,24 € bei einer 38-Stunden-Woche und 12,40 € bei einer 40-Stunden-Woche.

Bert Rürup, ehemaliger „Wirtschaftsweiser" und damit Mitglied im Sachver-ständigenrat, hat seine ursprüngliche Meinung, dass Mindestlöhne grundsätz-lich abzulehnen seien, noch während seiner Zeit im SVR geändert. Er plädiert in einem Artikel 2008 für einen „moderaten allgemeinen Mindestlohn"[252] in Höhe von 4,50 €.[253] Rürup gibt an, dass mit einem Mindestlohn in dieser Höhe das soziokulturelle Existenzminimum eines alleinstehenden Vollzeitbe-schäftigten gesichert werden könne. Er verweist auf die neoklassische Ar-beitsmarkttheorie, geht aber davon aus, dass ein Mindestlohn von 4,50 €, der zu dem Zeitpunkt ca. 3% aller Beschäftigten und 1% der Vollzeitbeschäftig-ten betroffen hätte, kaum negative Auswirkungen auf die Beschäftigungslage habe. Er spricht sich für eine Kombination aus einem niedrigen gesetzlichen Mindestlohn und einem Kombilohn-Modell aus. Würde ein Kombilohn-Modell durch einen niedrigen gesetzlichen Mindestlohn gestützt, könne es nicht zu weiteren Lohnkürzungen durch die Arbeitgeber kommen. Eine Gefahr der Lohnerosion und ein damit verbundener Anstieg der Transferlei-stungen durch den Staat bestehe nicht.

Die verschiedenen aufgeführten Mindesthöhen des Lohnes machen deutlich, dass bei ihrer Festlegung viele Aspekte berücksichtigt werden müssen. Auf-grund der Komplexität dieses Themas und der Gefahr, dass die Festlegung der Mindesthöhe in politischen Auseinandersetzungen verläuft, wurde vielfach vorgeschlagen, eine unabhängige Kommission gemäß britischem Vorbild einzusetzen.

---

[252] Rürup, 2008, S. 5
[253] Vgl. zum Folgenden Rürup, 2008, S. 5 ff.

4 Fazit

Der Ordoliberalismus ist geprägt von der Vorstellung, dass ein unabhängiger starker Staat den Rahmen für einen marktwirtschaftlichen Wettbewerb setzt, aber keinerlei wirtschaftspolitische Interventionen vornimmt. Die Soziale Marktwirtschaft basiert auch heute noch auf den Prinzipien des Ordoliberalismus, wenn auch nicht mehr in der gleichen Deutlichkeit. Die Einführung eines Mindestlohnes könnte als ordnungspolitischer Eingriff des Staates in die Wirtschaft verstanden werden. Betrachtet man die ordoliberalen Grundsätze aber genauer, stellt man fest, dass ein gesetzlicher Mindestlohn auch als Interventionismus im Sinne des Staates betrachtet werden kann. Grundsätzlich ist es richtig, dass der Staat nicht in die wirtschaftspolitischen Prozesse eingreifen, sondern nur einen rechtlichen Rahmen vorgeben soll. Dennoch waren aber bereits die Ordoliberalen „gegen Ausbeutung und (…) für ausgleichende Gerechtigkeit"[254] (s. Röpke, S. 7). Die konstituierenden und regulierenden Prinzipien Euckens machen deutlich, dass der Mensch in einer funktionierenden Marktwirtschaft im Mittelpunkt steht. Seinen Ausführungen folgend müsste die Einführung von Mindestlöhnen in Betracht gezogen werden, sollte es zu anomalen Arbeitsverhältnissen kommen. Genau dies ist heute unter anderem in der Hotelbranche bei vielen Arbeitsverhältnissen der Fall. Ein Hinweis darauf, dass ein Mindestlohn einen ordnungspolitischen Interventionismus darstellt, ist also auf Basis des Ordoliberalismus nicht gerechtfertigt.

Im Ordoliberalismus soll der Staat keinen Subventionismus betreiben, dies würde den Wettbewerb lediglich behindern. Die Aufstockung niedriger Löhne durch den Staat stellt nichts anderes dar als eine indirekte Subventionierung

---

[254] Röpke, 1948, S. 190

der Unternehmen, die ihre Beschäftigten so gering entlohnen, dass es nicht zur Sicherung der Existenz reicht. Der Staat im Ordoliberalismus und folglich auch in der Sozialen Marktwirtschaft soll stark und unabhängig von der Wirtschaft sein. Der heutige deutsche Staat muss seine Sozialsysteme vor der Ausnutzung durch Arbeitgeber in Form von niedrigen Löhnen schützen. Mit den Steuern der Bürger sollten keine Geschäftsmodelle erhalten werden, die auf ausbeuterischen Löhnen begründet sind. „Der Staat verbietet Arbeitsverträge, die zur sozialen Bedürftigkeit führen (...) Einfach ein Verbot bestimmter Arbeitsvertragsinhalte wegen der Gemeinwohlwidrigkeit oder -schädlichkeit."[255] Die Einführung eines Mindestlohnes kann in der Tradition des Ordoliberalismus als Rahmensetzung für den Wettbewerb verstanden werden und steht so keineswegs im Gegensatz zu den Grundzügen der Sozialen Marktwirtschaft. Er gibt dem Staat ein Mittel, um sich vor der Ausnutzung durch Marktakteure zu schützen. Die Wettbewerbsfähigkeit eines Unternehmens darf nicht zu Lasten der Arbeitnehmer in Form von Niedriglöhnen entstehen, und vor allem darf sie nicht vom Staat gefördert werden. Ein Mindestlohn setzt den Wettbewerb nicht außer Kraft, sondern bestimmt lediglich den Rahmen, in dem dieser stattfindet.

Die sogenannten Hartz-Gesetze können als massiven Eingriff in den Wirtschaftsprozess betrachtet werden, durch den arbeitsfähige Personen unter enormen Druck geraten. Dieser Druck zwingt Arbeitnehmer vielfach dazu, Beschäftigungen unterhalb ihrer Qualifikation anzunehmen oder mehr zu arbeiten, um ein existenzsicherndes Auskommen zu finden. Dies kann auf dem Arbeitsmarkt zu einem anomalen Angebotsverhalten führen, bei dem Arbeitnehmer mehr Arbeit trotz sinkender Löhne anbieten (s. Abbildung 2.5). Dies gilt im wachsenden Niedriglohnsektor Deutschlands auch zunehmend für Erwerbstätige, die, entgegen einer weit verbreiteten Meinung, weder unqualifiziert noch jung und vor allem nicht nur vorübergehend von solch einer Situation betroffen sind. Ein gesetzlicher Mindestlohn würde diesen Zustand verbessern und dem Eingriff in den Arbeitsmarkt auf der Angebotsseite durch die Agenda 2010 ein Gegengewicht auf der Nachfrageseite geben.

---

[255] Rieble, 2011 b, S. 47

Es ist zu bezweifeln, ob es wirklich an der Produktivität von Beschäftigten mit Berufsausbildung liegt, wenn sie unter 7,00 € pro Stunde erhalten. Zudem ist die Produktivität eines Menschen in kaum einem Beruf, insbesondere nicht in Dienstleistungsberufen, objektiv messbar. Deshalb ist die Festlegung eines Stundenlohnes nach dem Prinzip der Produktivität nicht möglich. Dies bedeutet zugleich, dass das Argument, wonach Löhne, die oberhalb des Gleichgewichtes auf dem Arbeitsmarkt festgelegt werden, Arbeitsplätze vernichten, nicht generell zutreffend ist. Zwar muss berücksichtigt werden, dass die Einführung eines flächendeckenden Mindestlohnes dazu führen kann, dass Arbeitsplätze verloren gehen. Dies ist aber bisher weder belegt noch mit exakten Zahlen quantifizierbar. Grundsätzlich können die Auswirkungen eines Mindestlohnes, gleich ob positiver oder negativer Natur, rechnerisch nicht vorausgesagt werden.

Ein Verweis auf andere Länder hilft hierbei auch nicht weiter. Mindestlohnbefürworter nennen Großbritannien als positives, Mindestlohngegner Frankreich als negatives Beispiel. Beide Länder ähneln der Bundesrepublik Deutschland in vielen Bereichen, dennoch kann man nicht davon ausgehen, dass die gleichen Auswirkungen in Deutschland zu erwarten sind. Die Folgen eines einheitlichen Mindestlohnes hängen nicht nur von politischen Bedingungen und gesellschaftlichen Strukturen eines Landes ab, sondern auch von wirtschaftlichen Voraussetzungen, den historischen Entwicklungen und somit den gesamten Verflechtungen innerhalb eines Staates. Dennoch scheint es bemerkenswert, dass nur die Länder der EU keinen gesetzlichen Mindestlohn eingeführt haben, in denen die Lohnfindung durch hohe Gewerkschaftsbindungen wie in den Skandinavischen Ländern oder durch gesetzlich vorgeschriebene Mitgliedschaften in den Arbeitgeberverbänden wie in Österreich im Sinne der Tarifautonomie funktioniert. Lediglich Deutschland hat weder einen gesetzlichen Mindestlohn noch ein in allen Bereichen funktionierendes Tarifsystem.

Die Tarifautonomie galt in der Bundesrepublik Deutschland lange Zeit als wichtigstes Instrument zur Festlegung von Löhnen und Arbeitsbedingungen, da diese ohne Intervention des Staates erfolgten. Die Einrichtung der OT-Mitgliedschaften lässt jedoch berechtigte Zweifel an der besonderen Stellung des Tarifsystems zu. Arbeitnehmer, gerade in der Hotelbranche mit einer schwachen Gewerkschaft und zum Teil niedrig ausgehandelten Tariflöhnen, können sich nicht mehr auf das Tarifsystem verlassen, das ursprünglich dazu diente, ebenbürtige Partner in Verhandlungen gegenüberzustellen. Ist es einem Arbeitgeber freigestellt, sich an die verhandelten Tariflöhne zu halten, obwohl er Mitglied eines Arbeitgeberverbandes ist, setzt das die Grundprinzipien des Tarifsystems außer Kraft. Dann ist eine weitere Erosion des Systems zu erwarten.

Bei Einführung eines gesetzlichen Mindestlohnes sind viele Einzelaspekte zu beachten, insbesondere die Art der Einführung, die Höhe, ob eine Unterscheidung in einen Ost- und Westmindestlohn erfolgen soll und auf welche Weise jugendliche Arbeitnehmer berücksichtigt werden. Zu beachten ist ferner, dass die Personen, die von der Einführung eines Mindestlohnes durch höhere Löhne profitieren würden, auch diejenigen sind, die am ehesten von einer durch den Mindestlohn ausgelösten Arbeitslosigkeit betroffen wären. Gleichwohl ist ein einheitlicher gesetzlicher Mindestlohn, ohne Unterschied in Ost und West, die einzige Möglichkeit für Arbeitnehmer in der Hotelbranche, aber auch in vielen anderen Bereichen, eine Lohnuntergrenze zu sichern. Prekäre Beschäftigungssituationen würden seltener, mehr Arbeitnehmer erhielten einen existenzsichernden Lohn, und die Situation vieler Beschäftigter würde sich nachhaltig verbessern. Ein Mindestlohn könnte darüber hinaus zu einem steigenden Gerechtigkeitsgefühl der Betroffenen in Bezug auf ihren Lohn führen und sich somit positiv auf die Arbeitsleistung und die Wirtschaftskraft Deutschlands insgesamt auswirken.

Abschließend gehe ich davon aus, dass die Einführung eines flächendeckenden Mindestlohnes in Deutschland in den nächsten Jahren erfolgen wird. Die Forderungen danach wurden im Bundeswahlkampf 2013 deutlicher erhoben und alle Parteien griffen diese Thematik mit verschiedenen Lösungsansätzen auf. Die vorliegende Arbeit nennt eine Vielzahl von Argumenten, die für die Einführung eines flächendeckenden Mindestlohnes sprechen.

Literaturverzeichnis

Bauernschuster, Kleinhenz (2008): Bauernschuster, Stefan, Kleinhenz, Gerhard D., Staatlicher Mindestlohn – Musterfall eines Mangels an Aufklärung über die Ökonomik sozialer Politik, in: ifo Schnelldienst, 6/2008, Mindestlohn: Für und Wider, 61. Jg., 12.-14. KW, 31.03.2008, S. 45-48

Bick (2011): Bick, Mirjam, Arbeitsmarkt und Erwerbstätigkeit. Verdienste und Arbeitskosten, in: Statistisches Bundesamt (Hg.), Datenreport 2011, S. 117-129
(http://www.destatis.de/jetspeed/portal/cms/Sites/destatis/Internet/DE/Content/Publikationen/Querschnittsveroeffentlichungen/Datenreport/Downloads/Datenreport2011Kap5,property=file.pdf, 29.03.2012, 18.57 Uhr)

BMAS (2012): Bundesministerium für Arbeit und Soziales (Hg.), Allgemeinverbindliche Tarifverträge, 01.01.2012
(http://www.bmas.de/DE/Themen/Arbeitsrecht/Tarifvertraege/allgemeinverbindliche-tarifvertraege.html, 25.03.2012, 14.36 Uhr)

Bosch, Kalina (2007): Bosch, Gerhard, Kalina, Thorsten, Niedriglöhne in Deutschland - Zahlen, Fakten, Ursachen, in: Bosch, Gerhard, Weinkopf, Claudia (Hg.), Arbeiten für wenig Geld. Niedriglohnbeschäftigung in Deutschland, Frankfurt am Main, S. 20-105

Bpb (o.J.): Bundeszentrale für politische Bildung (Hg.), Gerechtigkeit
(http://www.bpb.de/nachschlagen/lexika/politiklexikon/17548/gerechtigkeit, 21.05.2012, 20.54 Uhr)

Brütt (2011): Brütt, Christian, Workfare als Mindestsicherung. Von der Sozialhilfe zu Hartz IV. Deutsche Sozialpolitik 1962 bis 2005, Bielefeld

Bundesagentur für Arbeit (2011): Statistik der Bundesagentur für Arbeit (Hg.), Aktuelle Daten aus der Grundsicherung, Erwerbstätigkeit von erwerbsfähigen Leistungsbeziehern, November 2011 (http://statistik.arbeitsagentur.de/nn_31986/SiteGlobals/Forms/Rubrikensuche /Rubrikensuche_Suchergebnis_Form.html?view=processForm&resourceId=2 10358&input_=&pageLocale=de&topicId=17710&region=&year_month=20 1111&year_month.GROUP=1&search=Suchen, 11.04.2012, 16.08 Uhr)

Bundesrat (2012 a): Bundesrat (Hg.), Vorschau zur 892. Plenarsitzung des Bundesrates, 07.02.2012, 12.00 Uhr (http://www.bundesrat.de/DE/presse/pm/2012/007-2012.html, 06.04.2012, 12.51 Uhr)

Bundesrat (2012 b): Bundesrat (Hg.), Keine Einigung beim Mindestlohn (http://www.bundesrat.de/nn_8396/DE/service/thema-aktuell/12/20120216-Mindestlohn.html, 06.04.2012, 13.06 Uhr)

Caspers (2011): Caspers, Georg, Mindestlohn und Tarifautonomie, in: Giesen u.a. (Hg.), Mindestlohn als politische und rechtliche Herausforderung. 7. Ludwigsburger Rechtsgespräch, München, S. 147-163

DGB (2011): Deutscher Gewerkschaftsbund (Hg.), Niedriglohnsektor: Deutschland europaweit Spitzenreiter, 30.08.2011 (http://www.dgb.de/themen/++co++17f2321c-d301-11e0-4902-00188b4dc422/@@index.html?search_text=niedriglohnsektor%3A+deutschla nd+europaweit+spitzenreiter, 08.05.2012, 18.59 Uhr)

DGB (o.J.): Deutscher Gewerkschaftsbund (Hg.), 8,50 Euro sind zu hoch (http://www.mindestlohn.de/hintergrund/fehlargumente/8-euro-50-sind-zu-hoch/, 19.04.2012, 13.55 Uhr)

DEHOGA (2011): Deutscher Hotel- und Gaststättenverband (Hg.), Zahlenspiegel III/2011 (http://www.dehoga-bundesverband.de/fileadmin/Inhaltsbilder/Daten_Fakten_Trends/Zahlespiegel_und_Branchenberichte/Zahlenspiegel/Zahlenspiegel_3_Quartal_2011.pdf, 28.03.2012, 13.41 Uhr)

DEHOGA (2012 a): Deutscher Hotel- und Gaststättenverband (Hg.), Umsätze im Beherbergungsgewerbe und Umsatzentwicklung in der Hotellerie, 08.05.2012, 15.56 Uhr (http://www.dehoga-bundesverband.de/daten-fakten-trends/umsatzentwicklungen/beherbergungsgewerbe/, 08.05.2012, 19.02 Uhr)

DEHOGA (2012 b): Deutscher Hotel- und Gaststättenverband (Hg.), Definition der Betriebsarten, 08.05.2012, 10.39 Uhr (http://www.dehoga-bundesverband.de/daten-fakten-trends/betriebsarten/, 08.05.2012, 19.09 Uhr)

DEHOGA (2012 c): Deutscher Hotel- und Gaststättenverband (Hg.), Arbeitsmarkt und Tarifpolitik, 08.05.2012, 07.55 Uhr (http://www.dehoga-bundesverband.de/branchenthemen/arbeitsmarkt-und-tarifpolitik/, 08.05.2012, 19.10 Uhr)

Die Bündnisplattform (2012): Die Bündnisplattform *Mindestlohn 10 Euro* (Hg.), Mindestens 500 Euro statt 374 Euro, 09.03.2012 (http://www.mindestlohn-10-euro.de/2011/04/04/eckregelsatz-hartz-iv/, 19.04.2012, 14.22 Uhr)

Die Welt (2013): Die Welt (Hg.), Schwarz-Gelb nähert sich dem Tabuthema Mindestlohn, 03.03.2013 (http://www.welt.de/newsticker/news3/article114085798/Schwarz-Gelb-naehert-sich-dem-Tabuthema-Mindestlohn.html, 12.03.2013, 19.32 Uhr)

DIHK (o.J.): Deutscher Industrie- und Handelskammertag (Hg.), Statistik Ausbildung (http://www.dihk.de/ressourcen/downloads/statistik-ausbildung-11/at_download/file?mdate=1335173778012, 08.05.2012, 19.20 Uhr)

Dürr (1954): Dürr, Ernst-Wolfram, Wesen und Ziele des Ordoliberalismus, Winterthur

Ehrentraut u.a. (2011): Ehrentraut, Oliver u.a., Fiskalische Effekte eines gesetzlichen Mindestlohnes, Friedrich-Ebert-Stiftung (Hg.), Mai 2011 (http://library.fes.de/pdf-files/wiso/08071.pdf, 08.05.2012, 18.43 Uhr)

Ernst (2001): Ernst, Klaus, Jeder Fünfte Vollzeitbeschäftigte wird mit Niedriglohn abgespeist, 13.09.2011 (http://www.linksfraktion.de/nachrichten/jeder-fuenfte-vollzeitbeschaeftigte-wird-niedriglohn-abgespeist/, 08.05.2012, 18.50 Uhr)

Esslinger (2011): Esslinger, Detlef, Kleinste gemeinsame Lohnuntergrenze, in: Süddeutsche Zeitung, 14.11.2011, 18.31 Uhr (http://www.sueddeutsche.de/politik/mindestlohn-beschluss-der-cdu-kleinste-gemeinsame-lohnuntergrenze-1.1189080, 06.04.2012, 12.09 Uhr)

Eucken (1932): Eucken, Walter, Staatliche Strukturwandlungen und die Krisis des Kapitalismus, in: Bernhard Harms (Hg.), Zeitschrift des Instituts für Weltwirtschaft und Seeverkehr an der Universität Kiel, Jena, S. 297-321

Eucken (1950): Eucken, Walter, Die Grundlagen der Nationalökonomie, 6. Auflage, Berlin u.a.

Eucken (1990): Eucken, Walter, Grundsätze der Wirtschaftspolitik, Eucken, Edith, Hensel, K. Paul (Hg.), 6. Auflage, Tübingen

Evers (2003): Evers, Marc, Die institutionelle Ausgestaltung von Wirtschaftsordnungen, Berlin

Franke (2003): Franke, Alexandra, Lohnwucher – auch ein arbeitsrechtliches Problem, Berlin

Giersch (2003): Giersch, Christoph, Zwischen sozialer Gerechtigkeit und ökonomischer Effizienz. Sozialethische Analyse der Chancen und Risiken von Niedriglohnstrategien in Deutschland, Münster

Güth, Kliemt (2008): Güth, Werner, Kliemt, Hartmut, (Mindest)Standards als Koordinationshilfe – Zur Debatte um Mindestlöhne, in: ifo Schnelldienst, 6/2008, Mindestlohn: Für und Wider, 61. Jg., 12.-14. KW, 31.03.2008, S. 49-52

Haller (2005): Haller, Sabine, Dienstleistungsmanagement. Grundlagen – Konzepte – Instrumente, 3. Auflage, Wiesbaden

Hans-Böckler-Stiftung (2012): Hans-Böckler-Stiftung (Hg.), Schlecht bezahlte Minijobs: Sackgasse für Millionen, in: Böckler*impuls* 01/2012, S. 4-5 (http://www.boeckler.de/impuls_2012_01_4-5.pdf, 16.04.2012, 13.56 Uhr)

Haselbach (1991): Haselbach, Dieter, Autoritärer Liberalismus und Soziale Marktwirtschaft. Gesellschaft und Politik im Ordoliberalismus, Baden-Baden

Horn (2010): Horn, Karen Ilse, Die Soziale Marktwirtschaft, Frankfurt am Main

Horschel, Lesch (2011): Horschel, Nicole, Lesch, Hagen, Fiskalische Kosten eines gesetzlichen Mindestlohnes, in: IW-Trends, 38. Jg., Heft 4/2011 (http://www.iwkoeln.de/_storage/asset/58151/storage/master/file/458836/download/trends04_11_1.pdf, 18.04.2012, 15.31 Uhr)

IAQ (2011): Institut Arbeit und Qualifikation der Universität Duisburg-Essen (Hg.), Neue Zahlen zur Niedriglohnbeschäftigung in Deutschland, 15.11.2011 (http://www.iaq.uni-due.de/archiv/presse/2011/111115.php, 08.05.2012, 18.32 Uhr)

IG Metall (2012): Industrie-Gewerkschaft Metall (Hg.), IG Metall verbucht Mitarbeiterplus. Auf einem sehr guten Weg. Interview mit Detlef Wetzel, 23.01.2012 (http://www.igmetall.de/cps/rde/xchg/internet/style.xsl/ig-metall-verbucht-mitgliederplus-9330.htm, 08.05.2012, 18.45 Uhr)

IG Metall (o.J.): Industrie-Gewerkschaft Metall (Hg.), Die IG Metall Jugend: Deutschlands größter politischer Jugendverband. Für uns zählt der Mensch (http://www.igmetall.de/cps/rde/xchg/internet/style.xsl/jupo-die-ig-metall-jugend-deutschlands-groesster-politischer-2855.htm, 08.05.2012, 18.48 Uhr)

Initiative Mindestlohn (o.J.): Initiative Mindestlohn (Hg.), 2006: Startschuss für die Initiative Mindestlohn (http://www.initiative-mindestlohn.de/rueckblick/2006/, 13.05.2012, 15.06 Uhr)

Jerger, Landmann (1999): Jerger, Jürgen, Landmann, Oliver, Beschäftigungs-theorie, Berlin, Heidelberg

Kalina, Weinkopf (2010): Kalina, Thorsten, Weinkopf, Claudia, Der Niedrig-lohnsektor in Ost- und Westdeutschland, 06.08.2010 (http://www.bpb.de/themen/C46GH0,0,0,Der_Niedriglohnsektor_in_Ost_und_Westdeutschland.html, 24.03.2012, 12.09 Uhr)

Klingenberger u.a. (2000): Klingenberger, David u.a., Arbeitsmarktpolitik und -theorie, München

Knappschaft-Bahn-See (2011): Knappschaft-Bahn-See (Hg.), Zahl der Mi-nijobber ist seit 2004 nahezu konstant, 15.06.2011 (http://www.minijob-zentrale.de/nn_10190/DE/5__Presse/Pressearchiv/2011/11__06__15.html, 11.04.2012, 14.29 Uhr)

Knappschaft-Bahn-See (o.J.): Knappschaft-Bahn-See (Hg.), Verdienstgrenze für Minijobber steigt ab dem 1. Januar 2013 auf 450 € (http://www.minijob-zentrale.de/DE/0_Home/00_startseite/01_thementeaser/startseite_450.html, 30.11.2013, 10.21 Uhr)

Kovács (2010): Kovács, Timea, Soziale Marktwirtschaft – ein historischer Abriss, in: Kersting, Wolfgang (Hg.), Freiheit und Gerechtigkeit. Die moralischen Grundlagen der Sozialen Marktwirtschaft, Frankfurt am Main, S. 207-211

Liebig, Schupp (2008): Liebig, Stefan, Schupp, Jürgen, Leistungs- oder Bedarfsgerechtigkeit? Über einen normativen Zielkonflikt des Wohlfahrtstaates und seiner Bedeutung für die Bewertung des eigenen Erwerbseinkommens, in: Soziale Welt, Nr. 59, S. 7-30 (http://www.soziale-welt.nomos.de/fileadmin/soziale-welt/doc/Aufsatz_SozW_08_01.pdf, 26.04.2012, 12.06 Uhr)

Mankiw (2001): Mankiw, Nicholas Gregory, Grundzüge der Volkswirtschaftslehre, 2. Auflage, Stuttgart

Meyer, Meyer (1993): Meyer, Paul W., Meyer, Anton (Hg.), Marketing-Systeme. Grundlagen des institutionalen Marketing, 2. Auflage, Berlin u.a.

Molitor (1988): Molitor, Bruno, Lohn- und Arbeitsmarktpolitik, München

Müller-Armack (1947): Müller-Armack, Alfred, Wirtschaftslenkung und Marktwirtschaft, Hamburg

NGG (2012): Gewerkschaft Nahrung-Genuss-Gaststätten (Hg.), Minijobs im Gastgewerbe. Trauriger Spitzenreiter, 31.01.2012 (http://www.ngg.net/branche_betrieb/gastgewerbe/minijobs-im-gastgewerbe/, 16.04.2012, 14.23 Uhr)

NGG (o.J.): Gewerkschaft Nahrung-Genuss-Gaststätten (Hg.), Mitgliederzahl. NGG wächst bei Erwerbstätigen (http://www.ngg.net/archiv/archiv-startseite/seitentitel/, 08.05.2012, 19.25 Uhr)

o.V. (2010): o.V., Arm trotz Arbeit, in: Focus Money, 18.11.2010, 14.52 Uhr (http://www.focus.de/finanzen/karriere/berufsleben/einkommen-arm-trotz-arbeit_aid_573404.html, 08.05.2012, 18.59 Uhr)

OECD (2011): Organization for Economic Co-operation and Development (Hg.), POVERTY RATES AND GAPS, in: OECD FACTBOOK 2011, S. 82-83 (http://www.oecd-ilibrary.org/docserver/download/fulltext/3011041ec032.pdf?expires=1336496 942&id=id&accname=freeContent&checksum=0CBC77B579D8EC5572BE2 A21DE3D6420, 07.05.2012, 19.03 Uhr)

Ortlieb (2011): Ortlieb, Claus Peter, "Die Welt lässt sich nicht berechnen", Interview mit Oliver Link, in: brand eins, 13. Jg., Heft 11, November 2011, S. 110-115

Plickert (2010): Plickert, Philip, Der Neoliberalismus zwischen starkem Staat und Laissez-faire, in: Kersting, Wolfgang (Hg.), Freiheit und Gerechtigkeit. Die moralischen Grundlagen der Sozialen Marktwirtschaft, Frankfurt am Main, S. 27-42

Ptak (2004): Ptak, Ralf, Vom Ordoliberalismus zur Sozialen Marktwirtschaft. Stationen des Neoliberalismus in Deutschland, Opladen

Ragnitz, Thum (2008): Ragnitz, Joachim, Thum, Marcel, Beschäftigungswir-kungen von Mindestlöhnen – eine Erläuterung zu den Berechnungen des ifo Instituts, in: ifoSchnelldienst, 1/2008, 61. Jg., 1.-3. KW, 17.01.2008, S. 16-20

Renner (2002): Renner, Andreas, Jenseits vom Kommunismus und Neolibera-lismus – Eine Neuinterpretation der Sozialen Marktwirtschaft, Grafschaft

Rieble (2010): Rieble, Volker, Diskriminierender Mindestlohn, in: Frankfurter AllgemeineZeitung, 31.07.2010 (http://www.faz.net/aktuell/berufchance/mein-urteil/kolumne-mein-urteil-diskriminierender-mindestlohn-11007818.html, 13.05.2012, 15.14 Uhr)

Rieble (2011 a): Rieble, Volker, Funktionalität allgemeiner und sektoraler Mindestlöhne, in: Giesen u.a. (Hg.), Mindestlohn als politische und rechtliche Herausforderung. 7.Ludwigsburger Rechtsgespräch, München, S. 17-41

Rieble (2011 b): Rieble, Volker, Funktionalität allgemeiner und sektoraler Mindestlöhne. Diskussion, in: Giesen u.a. (Hg.), Mindestlohn als politische und rechtliche Herausforderung. 7. Ludwigsburger Rechtsgespräch, München, S. 42-48

Röpke (1948): Röpke, Wilhelm, Die Gesellschaftskrisis der Gegenwart, 5. Auflage, Erlenbach-Zürich

Röpke (1949): Röpke, Wilhelm, Civitas Humana, 3. Auflage, Erlenbach-Zürich

Rürup (2008): Rürup, Bert, Für einen moderaten allgemeinen Mindestlohn, in: ifo Schnelldienst, 6/2008, Mindestlohn: Für und Wider, 61. Jg., 12.-14. KW, 31.03.2008,S. 5-7

Rüstow (2001): Rüstow, Alexander, Das Versagen des Wirtschaftsliberalismus, Maier-Rigaud, Frank P., Maier-Rigaud, Gerhard (Hg.), Marburg

Rybarz (2010): Rybarz, Stefan, Mindestlöhne – Totengräber für Tarifverträge?, Marburg

Schäfer (2007): Schäfer, Claus, Entwicklungsland Deutschland: Niedriglohnregulierung ohne Mindestlohn, in: Bieback, Karl-Jürgen u.a., Tarifgestützte Mindestlöhne, Baden-Baden, S. 9-42

Schulten (2011 a): Schulten, Thorsten, WSI-Mindestlohndatenbank, März 2011 (http://www.boeckler.de/pdf/ta_mindestlohndatenbank.pdf, 24.03.2012, 15.24 Uhr)

Schulten (2011 b): Schulten, Thorsten, WSI-Tarifarchiv. Modellrechnung: Kriterien für einen angemessenen Mindestlohn in Deutschland 2011 (http://www.boeckler.de/pdf/wsi_ta_mindestlohn_modellrechnung_2011.pdf, 19.04.2012, 14.39 Uhr)

Sinn (2008): Sinn, Hans-Werner, Von einem Mindestlohn, den man nicht bekommt, kann man nicht leben: Plädoyer für den besseren Sozialstaat, in: ifo Schnelldienst, 6/2008, Mindestlohn: Für und Wider, 61. Jg., 12.-14. KW, 31.03.2008, S. 57-61

Sirleschtov (2011): Sirleschtov, Antje, CDU stellt Weichen für Mindestlöhne, in: Der Tagesspiegel, 14.11.2011, 23.35 Uhr (http://www.tagesspiegel.de/politik/parteitag-in-leipzig-cdu-stellt-weichen-fuer-mindestloehne/5835782.html, 06.04.2012, 12.02 Uhr)

Solow (2007): Solow, Robert M., Vorwort, in: Bosch, Gerhard, Weinkopf, Claudia (Hg.), Arbeiten für wenig Geld. Niedriglohnbeschäftigung in Deutschland, Frankfurt am Main, S. 7-19

Statistisches Bundesamt (2010): Statistisches Bundesamt (Hg.), EU-Vergleich derArbeitskosten und Lohnnebenkosten für das Jahr 2009, 30.03.2010 (http://www.destatis.de/jetspeed/portal/cms/Sites/destatis/Internet/DE/Presse/pm/2010/03/PD10__122__624,templateId=renderPrint.psml, 08.03.2012, 19.29 Uhr)

Statistisches Bundesamt (2011 a): Statistisches Bundesamt (Hg.), Mindest-lohn in Deutschland und der Europäischen Union (EU), 2011 (https://www.destatis.de/DE/ZahlenFakten/GesamtwirtschaftUmwelt/Verdien steArbeitskosten/Mindestloehne/Mindestloehne.html, 08.05.2012, 19.55 Uhr)

Statistisches Bundesamt (2011 b): Statistisches Bundesamt (Hg.), Finanzen und Steuern. Steuerpflichtige Unternehmen und deren Lieferungen und Leistungen nach wirtschaftlicher Gliederung, 01.04.2011 (https://www.destatis.de/DE/Publikationen/Thematisch/FinanzenSteuern/Steu ern/Umsatzsteuer/Umsatzsteuerstatistik5733101097004.pdf?__blob=publicati onFile, 08.05.2012, 19.53 Uhr)

Statistisches Bundesamt (2011 c): Statistisches Bundesamt (Hg.), Tourismus. Tourismus in Zahlen. 2010, 28.09.2011 (https://www.destatis.de/DE/Publikationen/Thematisch/BinnenhandelGastge werbeTourismus/Tourismus/TourismusinZahlen1021500107004.pdf?__blob= publicationFile, 21.05.2012, 21.17 Uhr)

Statistisches Bundesamt (2012): Statistisches Bundesamt (Hg.), Mindest- löhne. Mindestlöhne in Deutschland am 1. Januar 2012 (https://www.destatis.de/DE/ZahlenFakten/GesamtwirtschaftUmwelt/Verdien steArbeitskosten/Mindestloehne/Tabellen/MindestlohnDeutschland.html?nn= 50678, 08.05.2012, 19.40 Uhr)

Steiner (2007): Steiner, Victor, Beschäftigungsförderung und Einkommens- sicherung im Niedriglohnbereich: Wege und Irrwege (http://www.diw.de/documents/publikationen/73/76538/dp747.pdf, 22.03.2012, 17.22 Uhr)

SVR (2006): Sachverständigenrat (Hg.), Arbeitslosengeld II reformieren: Ein zielgerichtetes Kombilohnmodell, September 2006 (http://www.sachverstaendigenrat- wirtschaft.de/fileadmin/dateiablage/Expertisen/Arbeitslosengeld_II_reformier en.pdf, 11.04.2012, 13.07 Uhr)

Tagesschau.de (2012): Tagesschau.de (Hg.), Das Mindestlohn-Konzept der Union steht, 25.04.2012, 17.18 Uhr (http://www.tagesschau.de/wirtschaft/mindestlohn314.html, 07.05.2012, 20.25 Uhr)

Waas (2010): Waas, Bernd, Abschnitt 3. Tarifvertragliche Arbeitsbedingungen, in: Thüsing,Gregor (Hg.), Arbeitnehmer-Entsendegesetz. Mindestarbeitsbedingungengesetz. Kommentar, München, S. 120-149

Vanselow (2007): Vanselow, Achim, Immer noch verloren und vergessen - Zimmerreinigungskräfte in Hotels, in: Bosch, Gerhard, Weinkopf, Claudia (Hg.), Arbeiten für wenig Geld. Niedriglohnbeschäftigung in Deutschland, Frankfurt am Main, S. 211-248

WSI (2011 a): Wirtschafts- und Sozialwissenschaftliches Institut (Hg.), Hotel- und Gaststättengewerbe, September 2011 (http://www.boeckler.de/pdf/p_ta_tarife_hotel_gaststaettengewerbe_2011.pdf, 07.05.2012, 20.28 Uhr)

WSI (2011 b): Wirtschafts- und Sozialwissenschaftliches Institut (Hg.), Wer verdient was? Berufe von A bis Z (http://www.boeckler.de/wsi-tarifarchiv_4136.htm#m, 07.05.2012, 20.30 Uhr)

WSI (2012): Wirtschafts- und Sozialwissenschaftliches Institut (Hg.), Statistisches Taschenbuch Tarifpolitik 2012, Februar 2012 (http://www.boeckler.de/pdf/p_ta_tariftaschenbuch_2012.pdf, 07.05.2012, 17.14 Uhr)

ZEIT ONLINE (2013): ZEIT ONLINE (Hg.), Bundesrat stimmt für Mindestlohn, 01.03.2013,12.58 Uhr (http://www.zeit.de/politik/deutschland/2013-03/bundesrat-mindestlohn, 12.03.2013, 19.47 Uhr)

Anlagenverzeichnis

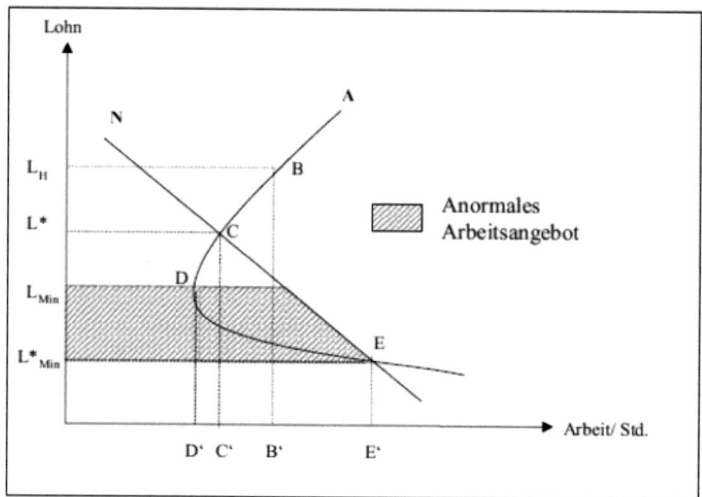

Abbildung 2.2:   *Anormales Angebotsverhalten am Arbeitsmarkt*

Tarifgebiet	Baden-Württemberg	Bayern	Berlin	Hamburg	Hessen	Niedersachsen	Bremen	Weser-Ems	Ostfriesische Nordseeinseln	Nordrhein-Westfalen
Sozialvers. Beschäftigte:	91.901	137.762	46.091	23.785	60.690	64.109	6.755	bei Nieders.	bei Nieders.	127.412
Bewertungsgruppe	€	€	€	€	€	€	€	€	€	€
BW 1	1.538	1.380		1.301	1.300		1.268			1.142 [21]
BW 2	1.574	1.499	1.334	1.362	1.476	1.342	1.302	1.239	1.203	1.339 [22]
BW 3	1.692	1.589	1.387		1.562	1.472	1.365			1.410
BW 4	1.733	1.681	1.521	1.392	1.641		1.446	1.382	1.325	1.519
BW 5.1 (100%)	1.799	1.681	1.674	1.437	1.826	1.632	1.527	1.533	1.544	1.589
BW 5.2	1.871	1.861	1.740	1.486		1.745	1.590			1.699
BW 6	1.939	2.046	1.843	1.606	1.893	1.857	1.703	1.722	1.622	1.818
BW 7	2.078	2.247	1.943	1.724	2.074	1.991	1.896	1.855	1.819	2.066
BW 8	2.267	2.445	2.149	1.873	2.342	2.118	2.188	1.952	1.965	2.287
BW 9	2.428	2.587	2.290	2.053	2.727	2.346	2.353	2.151	2.193	2.562
BW 10	2.610	2.836	fr. Vbg. >TG9	fr. Vbg.	3.285	2.507		2.472	freie Vereinb.	2.677
BW 11	fr. Vbg.	fr. Vbg.								mind. 2.677
Errechnete wochentl/mtl AZ	39/169	39/169	38/164.6	173/169.6	38.8/168	39/169	39/169	40/173	40/173	39/169
unterster Stundenlohn	9.10 d	8.17*	8.10	7.52	7,73	7.94	7.50	7.16	6.95	6.76 [9]
Ausgleichszeitraum	12 Mo(2.028Std)	12 Mo(2.028Std)	3 Monate	12 Mo/2076	3 Mo/504	12Mo/2028	4 Mo	12Mo/2076	-	3 Mo/507
Praktikanten:	541	770	515	b)	mind. 615,00	b)	b)	b)		714,00 [20]
Ausbildungsvergütung:										
1. Jahr:	541,00	597,00	515,00	510,00	615,00	450,00	485,00	472,00	425,00	543,00
2. Jahr:	587,00	683,00	605,00	560,00	685,00	505,00	545,00	510,00	471,00	647,00
3. Jahr:	633,00	770,00	715,00	650,00	755,00	580,00	630,00	566,00	507,00	731,00
Erhöhung Azubis	16/17/18	15/17/19	15/15/20	30 alle AJ	15/15/20	25/25/50	60/60/60	25/25/25	6/6/6	10/15/20
Vorige tarifliche Erhöhung	20/20/18	16/19/22	10/10/15	15/15/20	13/15/17	10/15/20	10/10/10	13/14/16		29/30/35
Vetragsform Azubis	im LTV / GTV	im ETV	im ETV	eigener TV	im ETV	im ETV	im ETV	im ETV	im ETV	im ETV
Laufzeit Azubis	siehe unten	siehe unten	siehe unten	siehe unten	siehe unten	siehe unten	siehe unten	siehe unten	siehe unten	siehe unten
Vertragsart:	LTV/GTV	ETV	ETV	LTV/GTV	ETV	ETV	ETV	ETV	ETV	ETV
Laufzeit:										
Beginn:	01.04.2011	01.01.2011	01.07.2011	01.01.2011	01.08.2011	01.05.2010	01.01.2011	01.11.2010	01.11.2003	01.06.2010
Ende:	30.06.2013	31.12.2013	30.06.2013	31.12.2012	31.10.2012	28.02.2013	31.03.2012	30.09.2013	31.10.2005	30.04.2012
Kündigungsfrist:	4 Wochen	1 Monat	3 Monate	2 Monate	1 Monat	1 Monat	1 Monat	1 Monat	gekündigt	1 Monat
Vertrag vom	23.02.2011	15.12.2010	07.06.2011	13.12.2010	22.06.2011		25.03.2011	26.11.2010	26.03.2004	31.05.2010
Leermonate *(Einmalzahlungen)	3 Monate	3 Monate	3 Monate	1 Monat	-	-	3 Monate	2 Monate	-	2 Monate
Erhöhung wie?	2 Stufen	%	2 x € 50,00 alle TG	2 Stufen	3,2%	3 Stufen	100,00 TG1; 70,00 TG2 und 3. Rest 60,-	3 Stufen	Euro fest	2%, Vorweg anhebung TG 6 & 7 um € 20,00
Verand. in TG 5 in Euro / %	51/+2,9%	41/+2,5%	50/3,08%	40/2,9%	57/3,2%	32 / 2%	60/4,1%	30/2,0%	20/1,3%	31/2,0%
Erhöhung gültig ab:	01.04.2011	01.01.2011	01.07.2011	01.01.2011	01.08.2011	01.05.2010	01.04.2011	01.11.2010	01.04.2004	01.08.2010
weitere Erhöhungen ?(Bezug TG 5)	43/+2,4%		50/3%	40/2,8%		1,5%/1,3%		23/1,5% ab 1.11.2011 und 20/1,3% ab 1.11.2012	15/1%	1,8% Vorwegan hebung TG 6&7 € 10,00
ab wann?	01.06.2012	01.01.2012	01.07.2012	01.01.2012		1.5.11/1.5.12				01.07.2011
Höhe letzte Tariferhöhung in TG 5	2,20%	2,50%	40/+2,5%	3%	25/1,5%	3,20%	37/2,6%	31/2,2%	25/1,7%	44/3,0%
Vorige tarifliche Erhöhung am	01.01.2010	01.09.2009	01.04.2010	01.06.2010	01.09.2009		01.07.2009	01.11.2009	01.01.2003	01.03.2008
TG 5.1 (100%)=	Commis gleich nach der Gesellenprüfung									

Anlage II: Tarifübersicht Hotel- und Gaststättengewerbe. Bundesländer West + Berlin

Tarifgebiet	Rheinland-Pfalz	Saarland	Schleswig-Holstein	Durchschnitt West Regional	System-gastronomie BdS	System-gastronomie DEHOGA	Durchschnitt West
Sozialvers. Beschäftigte [2]	34.753	6.886	29.532	629.676			
Bewertungsgruppe [1]	€	€	€	€	€	€	€
BW 1		1.255	1.250	1.019,89	1.268,00 [35]	1.282,50	1.190,13
BW 2	1.267,50 [28]	1.323	1.287	1.331,71	1.293,00 [35]	1.326,96	1.317,22
BW 3		1.391	1.341	1.296,56	1.366,00	1.458,63	1.373,73
BW 4	1.352 [28]		1.374	1.602,42	1.504,00	1.607,40	1.571,27
BW 5.1 (100%)	1.436,50 [28]	1.459	1.434	1.582,42	1.715,00	1.773,27	1.690,23
BW 5.2				1.470,43			
BW 6	1.690 [28]	1.584	1.523 [33]	1.618,23	1.911,00	2.004,12	1.844,45
BW 7	2.028 [28]	1.730	1.794 [34]	1.896,85	2.028,00	2.144,34	2.023,06
BW 8	2.197 [28]	1.873	1.891	2.089,00	2.141,00	2.274,30	2.168,10
BW 9	2.366 [28]	2.017	2.090	2.286,08	2.322,00	2.501,73	2.369,94
BW 10				2.712,00	2.525,00	2.730,87	2.655,96
BW 11					2.734,00		
Errechnete wochentl/mtl AZ	39/169	40/173	39/169		39/169	39,5/171	
unterster Stundenlohn	7,50 [b]	7,25	7,22		7,50	7,50	
Ausgleichszeitraum	-	1 Monat/173	1 Mo/173		1/169 [36]	6 Mo/	
Praktikanten:	b)	b)	b)		b)	b)	
Ausbildungsvergütung:							
1. Jahr:	500,00	500,00	440,00	507,15	657,00	560,00	574,72
2. Jahr:	600,00	550,00	500,00	572,92	735,00	615,00	640,97
3. Jahr:	700,00	610,00	570,00	647,46	815,00	680,00	714,15
Erhöhung Azubis	36/85/123	40/25/20	31.50/31.50/40.50		10/10/12	10/10/10	
Vorige tarifliche Erhöhung	14/15/17	7/5/5	22.50 (alle)				
Vertragsform Azubis	im ETV	eigener TV	eigener TV 1.6.2008-31.5.2010		im ETV	im ETV	
Laufzeit Azubis	siehe unten	siehe unten			siehe unten	siehe unten	
Vertragsart:	LTV/GTV	ETV	LTV/GTV		ETV	ETV	
Laufzeit:							
Beginn:	01.08.2011	01.03.2010	01.10.2010		01.12.2007	01.01.2008	
Ende:	31.12.2014	31.12.2011	30.09.2012		30.04.2011	30.06.2011	
Kündigungsfrist:	1 Monat	1 Monat	2 Monate		3 Monate	1 Monat	
Vertrag vom:	15.07.2011	26.02.2010	06.09.2010		15./23.10.2007	10.12.2007	
Leermonate [3] *Einmalzahlungen:	19 Monate	2 Monate	4 Monate		61	29	
Erhöhung wie?	neue Entgelt-struktur	2 Stufen in %			in Stufen	in Stufen	
Veränd. in TG 5 in Euro / %	83/6,1%	35/2,5%	€ 40,00				
Erhöhung gültig ab:	01.08.2011	01.03.2010	40,00 2,9% 01.10.2010				
weitere Erhöhungen [7] (Bezug TG 5)	5,9% 2012, 5,5% 2013, Null 2014	1,50%	€ 30,00		jährl. bis 2011	jährl. bis 2011	
ab wann?	1.1.2012, 1.1.2013, 1.1.2014	01.04.2011	01.10.2011				
Höhe letzte Tariferhöhung in TG 5	39,5/3%	30/2,2%	2%			1,50%	
Vorige tarifliche Erhöhung am	01.12.2008	01.01.2009	1..2009			01.11.2004	
TG 5.1 (100%)=							

NGG-Hauptverwaltung, Abt. III, Referat Hotel- und Gaststättengewerbe

Guido Zeitler, 31.10.2011, 2von2

1*)	Keine durchgehend gleiche Bezahlungsstruktur in den Abteilungen des Hauses. Unterschiede z. B. zwischen Restaurant, Bankett und Küche sowie Verkauf und Direktion. Deshalb vergleichbar, aber nicht in allen Tarifverträgen gleich !
3*)	Gilt nicht für ganz Niedersachsen, eigene Tarifverträge im Bereich Weser Ems und auf den Ostfriesischen Nordseeinseln.
4*)	Entgeltgruppen nur teilweise mit unterschiedlichen Oberbegriffen; Eingruppierung erfolgt nach Tätigkeitsbeschreibung über Berufsjahre und eingenommene Position, ungelernte AN < 17 Jahren erhalten 85%; < 18 J.= 90% der jeweiligen Sätze
5*)	Angabe der sozialversicherungspflichtig Beschäftigten für die jeweiligen Bundesländer, Stand : 30.6.06.
6*)	Angabe von Monaten ohne Erhöhung seit Kündigungstermin des letzten Tarifvertrages bis zum ersten Erhöhungstermin des angegebenen neuesten Tarifvertrages
7*)	Veränderungen zum jeweiligen Vorgängertarifvertrag bzw. Vorgängersumme in der vorhergehenden Stufe in Euro und % bezogen auf die 100% Gruppe
1)	Im 2. Jahr nach der Ausbildung für Gelernte bei Ausübung fachlicher Tätigkeiten
2)	Nach 2 und mehr Gehaltsjahren und Ausübung fachlicher Tätigkeiten
3)	Andere Monatsgehalt für Direktions-, Verwaltungs- und Empfangspersonal
4)	Gültig für 39 Arbeitsstunden pro Woche; bei 39-44 Stunden = 581.- / 637.- / 708.- Euro Brutto
4a)	"Hilfspersonal" nur in den ersten 3 Monaten, danach TG 2 dieser Übersicht
4b)	Andere Zuordnung im ETV Bayern, zur besseren Vergleichbarkeit mit anderen TV vereinheitlicht. Tarifsatz gilt auch für Angelernte nach einem Ankerjahr
4c)	Gelernte ohne Commisstatus bei Ausübung fachlicher Tätigkeiten oder Angelernte nach 2 Jahren derselben Tätigkeit beim gleichen Arbeitgeber
5)	Nach dreijähriger Betriebszugehörigkeit für Gelernte bei Ausbildung fachlicher Tätigkeiten oder Angelernte nach 3 Jahren derselben Tätigkeit beim gleichen Arbeitgeber
6)	Staffel für über 18jährige; unter 18jährige 521/683/770 Euro brutto
7)	Gültig nur für Pagen im Hotelhallenbereich, höchstens für 2 Jahre
8)	Festgelegt 7,6 Std pro Arbeitstag, Sollarbeitszeit abhängig von der Zahl der tatsächlichen Arbeitstage
12a)	Festgelegt ist eine Az-Verkürzung um 2x8 Std. im 1.-5. Beschj., dann 4 x 8 Std. Tage jährlich
18)	Angelernte mit Facharbeiten nach mind. 4 jähriger Tätigkeit
21)	TG 2a
22)	nach 24 Monaten automatisch TG 2b
23)	
24)	Fachkräfte nach 3 jähriger Ausbildung ab dem dritten Berufsjahr nach der Ausbildung
26)	3-6 Monate € 659,00; 6-12 Monate € 714,00
27	TG 6 3.3% und TG 7 3.2%
28)	Steigerungsstufe ab dem 3. Beschäftigungsjahr innerhalb der Bewertungsgruppe
32)	
33)	Gelernte Fachkräfte im 2. und 3. Berufsjahr und Angelernte ab dem 7. Tätigkeitsjahr
34)	Gelernte Fachkräfte ab dem 4. Berufsjahr und Angelernte ab dem 9. Tätigkeitsjahr
35)	Eingangseingruppierung für 18 Monate in TG 1 und 2 mit -5% möglich (ab 1.1.2011); Absenkungsmöglichkeit endet zum 31.12.2011
36)	Jahresarbeitszeit möglich
40)	Für die ersten 3 Monate, unter 18 Jahre = 1.766,00 DM
41)	Fachkräfte nach 2-jähriger Berufserfahrung, Angelernte mit gleicher Tätigkeit ab 6. Jahr.
42)	TG 7= Fachkräfte mit Tätigkeiten mit Schwierigkeit und überwiegend eigener Entscheidung; Fachkräfte mit erweiterten Kenntnissen und in der Regel mehrjähriger Erfahrung = 2.536 DM.
43)	Fachkräfte mit Führungsaufgaben, umfangreichen Fachkenntnissen, betriebl. Überblick und mehrjähriger Berufserfahrung
a)	mindestens Ausbildungsvergütung im ersten Ausbildungsjahr
b)	keine Angabe
c)	Mindestbetrag lt. Tarifvertrag
d)	Page EUR 8.30 ; Hilfskräfte in Service und Küche EUR 9,10
e)	Hilfskräfte in den ersten 3 Monaten der Betriebszugehörigkeit
f)	Hilfskräfte unter 18. Jahre (dann EUR 7.21)
g)	TG 2a einfachste Tätigkeit in den ersten 24 Monaten der Beschäftigung
h)	Hilfskräfte unter 18. Jahre (dann EUR 7.22)

ltr. Vbg = freie Vereinbarung

NGG-Hauptverwaltung, Abt. III, Referat Hotel- und Gaststättengewerbe

Guido Zeitler, 31.10.2011, 1von1

Anlage III: Tarifübersicht Hotel- und Gaststättengewerbe. Bundesländer Ost + Berlin

Tarifgebiet	Berlin	Mecklenburg-Vorpommern	Sachsen-Anhalt	Sachsen	Thüringen	Brandenburg	Durchschnitt Ost o. Berlin Regional	Durchschnitt Ost m. Berlin Regional	System-gastronomie BdS	System-gastronomie DeHoGa	Durchschnitt Ost ohne Berlin insgesamt	Durchschnitt Ost m. Berlin insgesamt
Sozialvers. Beschäftigte *)	46.091	28.120	18.080	39.490	18.255	21.324	107.189					
Bewertungsgruppe	€	€	€	€	€	€	€	€	€	€	€	€
BW 1	1.334,00			1.195,00	1.195,00		1.195,00	1.195,00	1.154,00	1.166,22	1.171,74	1.171,74
BW 2	1.387,00			1.267,50	1.199,00	1.040,00	1.168,83	1.251,42	1.180,00	1.200,42	1.183,08	1.210,61
BW 3	1.521,00	1071,00	1197,00	1.317,50	1.199,00	1.099,00	1.176,70	1.281,85	1.248,00	1.297,89	1.240,86	1.275,91
BW 4	1.674,00		1271,00	1.364,50	1.253,00	1.203,00	1.272,88	1.396,94	1.332,00	1.444,95	1.349,94	1.391,30
BW 5.1 (100%)	**1.740,00**	**1164,00**	**1348,00**	**1.417,50**	**1.397,00**	**1.415,00**	**1.348,30**	**1.511,15**	**1.534,00**	**1.597,14**	**1.493,15**	**1.547,43**
BW 5.2	1.285,00	1285,00	1477,00	1.477,00	1.477,00	1.487,00	1.560,50	1.560,50			1.381,00	1.560,50
BW 6	1.843,00	1340,00	1548,00	1.559,00	1.506,00	1.566,00	1.381,00	1.665,50	1.689,00	1.793,79	1.656,93	1.716,10
BW 7	1.943,00	1397,00	1682,00	1.631,50	1.683,00	1.740,00	1.488,00	1.767,45	1.794,00	1.951,11	1.779,00	1.837,52
BW 8	2.149,00	1513,00	1883,00	1.755,00	1.931,00	1.860,00	1.591,90	1.956,70	1.893,00	2.069,10	1.908,83	1.972,93
BW 9	2.290,00	1572,00	2220,00	1.879,00	2.313,00	fr. Vbg.	1.764,40	2.129,45	2.064,00	2.276,01	2.102,97	2.156,49
BW 10	fr. Vbg.>TG9	1688,00	fr. Vbg. >TG9	fr. Vbg. >TG9	fr. Vbg.		1.968,90		2.245,00	2.484,63		
BW 11	> BW 10	> BW 10							2.426,00			
Errechnete wöchentl/mtl AZ	38/164,6	40/173	40/173	40/173,5	40/173	38/164,6 °)			39,5/171	39,5/171		
unterster Stundenlohn	8,10	6,19	6,92	6,89	6,93	6,29			6,75	6,82		
Ausgleichszeitraum	3 Monate	519	1 Woche/40	1 Mo/173,5	12 Monate	3 Monate			1 Mo/171 Std	6 Mo		
Praktikanten	515											
Ausbildungsvergütung:												
1. Jahr:	515,00	420,00	338,00	460,00	364,00	394,00	395,20	455,10	587,00	560,00	514,07	534,03
2. Jahr:	605,00	470,00	465,00	540,00	468,00	488,00	486,20	545,60	655,00	615,00	585,40	605,20
3. Jahr:	715,00	520,00	571,00	610,00	520,00	516,00	547,40	631,20	718,00	680,00	648,47	676,40
Erhöhung Azubis	15/15/20	100/70/40	8/11/14_0	35/35/90	4%	10/10/15			11/11/12	20/20/25		
Vertragsform Azubis	10/10/15	10/14/17	10/14/17	15/15/20	22/24/22				im ETV	im ETV		
Laufzeit Azubis	im ETV	im ETV	im ETV	im ETV	im ETV	im ETV			siehe unten	siehe unten		
Vertragsart:	siehe unten	siehe unten	siehe unten	siehe unten	siehe unten	siehe unten			ETV	ETV		
Laufzeit:	ETV	ETV	ETV	ETV	ETV	ETV						
Beginn:	01.07.2011	01.11.2010	01.04.2010	01.05.2011	01.09.2010	01.08.2010			01.12.2007	01.01.2008		
Ende:	30.06.2013	31.10.2011	30.04.2012	30.04.2013	31.12.2012	30.07.2012			30.04.2011	30.06.2011		
Kündigungsfrist:	3 Monate	1 Monat	1 Monat	1 Monat	1 Monat	3 Monate			3 Monate	1 Monat		
Vertrag wird	07.06.2011	19.10.2010	30.03.2010	15.03.2011	10.12.2010	23.07.2010			15.23.10.2007	10.12.2007		
Leitmodule*Einmalzahlungen:	10 Monate	10 Monate	15	4 Monate	4 Monate	9 Monate			61 Monate	29		
Erhöhung wie?	2 x € 50,00 alle TG	3,1% in 2 Stufen	3,1% in 2 Stufen	2 Stufen	2 Stufen	% in 2 Stufen			in mehreren Stufen	% in Stufen		
Veränd. in TG s in Euro / %	50/3,08%	€ 55,00	40/+3,1%	34,5/2,5%	33/2,4%	27/2%			7,4%(1. Stufe)	3%		
Erhöhung gültig ab:	01.07.2011	01.01.2008	01.04.2010	01.05.2011	01.01.2011	01.08.2010			01.12.2007	01.01.2008		
weitere Erhöhungen ?/Betrag TG s)	50/3%		33/2,5%	30/2,1%	31/2,2%	01.08.2011			3 Monate	2,5%/2,5%/3%		
ab wann?	01.07.2012		01.04.2011	01.05.2012	01.01.2012	01.08.2011			15.23.10.2007	01.01.2008		
höhe letzte Tariferhöhung in TG s	40/+2,5%	22/2%	50/4,08	28/2,1%	29/2,2%	1,5%/2,5%/1,0%			1,5%/2,5%/1,0%	1,50%		
Vorige tarifliche Erhöhung am	01.04.2010	01.01.2009	01.04.2008	01.01.2010	01.09.2009	1,5.08/1.11.08/1.5.09			01.01.2008	01.11.2004		
TG 5.1 (100%)/a=	Commis gleich nach der Gesellenprüfung											

**) Angabe Sozialversicherungspflichtig Beschäftigter, Stand: 30.06.2006

***) Angabe von Monaten ohne Erhöhung seit Erhöhung seit Kündigungstermin des letzten Tarifvertrages bis zum ersten Erhöhungstermin des angegebenen letzten Tarifvertrages

****) lt. Mitteilung zum Gesetzgebungsverfahren NiRSchG März 2007

0) Festgelegt 7,6 Std pro Arbeitstag. Sollarbeitszeit abhängig von der Zahl der tatsächlichen Arbeitstage

1) auch Fachgehilfen im 1.+2. Jahr nach der Ausbildung

2) auch Fachgehilfen ba 3. Jahr nach der Ausbildung

3) Angabe für Angelernte im 1.+2. Jahr, 3.+4. Jahr = 1.338 Euro, ab 5. Jahr = 1.380 Euro

4a) Festgelegt 7,6 Std pro Arbeitstag. Sollarbeitszeit abhängig von der Zahl der tatsächlichen Arbeitstage

fr. Vbg. freie Vereinbarung

NCG-Hauptverwaltung. Abt. III, Referat Hotel- und Gaststättengewerbe

Guido Zeitler, 31.10.2011, 1 von 1